Y 381.

SOPHOCLIS
AIAX FLAGEL-
LIFER, ET AN-
TIGONE.

EIVSDEM
ELECTRA.
GEORGIO ROTALLERO
INTERPRETE.

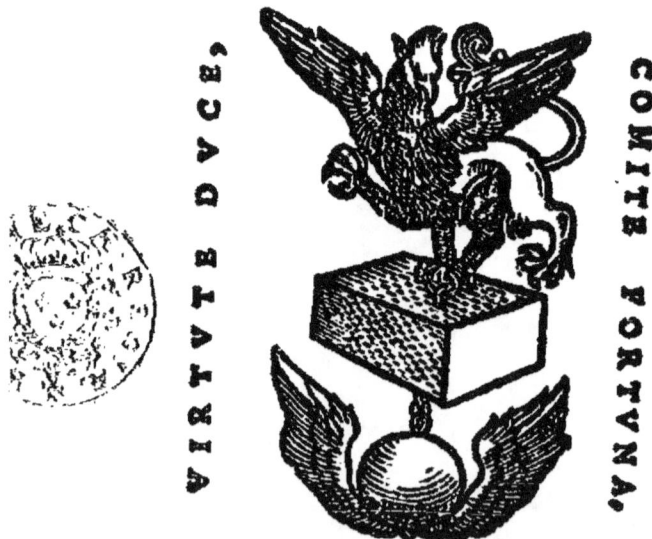

VIRTVTE DVCE,

COMITE FORTVNA.

APVD SEB. GRYPHIVM
LVGDVNI,
1550.

GENEROSISSIMO

HEROÏ, LVDOVICO A FLAN-
dria, Domino de Praet, Equiti
ſummi ordinis Velleris
aurei,&c.

GEORGIVS ROTALLER.

CVM NVLLI penè ſcripto utilitate cedat Tragœdia, Heros &
ſtemmate, & eruditione nobilis,
ſiue eloquentiam ſpectes, ſiue rerum maximarum cognitionem
conſideres:perquàm mirum mihi
uideri ſolet, quid ſit, quòd cùm tam præſtantes in
utraque lingua uiri & ſuperiori & hac ætate exti-
terint,nulli,aut ſanè perquam pauci ullam nobis Latinè Tragœdiã exhibuerint. Extant aliquot Æſchy-
li,extant Sophoclis, Euripidis perquàm multæ : apud
Latinos,ſi Senecæ demas,nullæ. Cogitanti itaque ſæ-
penumero, & cauſam mecum inquirenti, tædio &
labore ab huiuſcemodi lucubrationibus abſterreri ple
riq; mihi uideri ſolent. Alios autem inuenias, qui etſi
laborem non defugiant,alienis tamen ingenijs aut ac-
commodare ſeſe nequeunt, aut certè alieno in fundo
operam ſumere nolunt. Malunt ipſi,quod uetuſtatem
ferat,è ſuo penu aliquid depromere, & tanquam per

a 2 ſpat

spatiosos campos liberè uagari, quàm transferendis aliorū scriptis angustis se limitibus coarctare. Quorum quidem conatus ut laudandi sunt, modò dignum aliquid Musis & Apolline proferant:ita hac in parte reprehensione, mea quidem sententia, non omnino carent:quòd utriusque linguæ cognitione præditi, homines studiosos,qui magistrorum aut negligentia,aut inscitia Græcis literis à teneris imbuti nō sunt,iamq́; per ætatem prouectiorem, occupationes'ue grauiores ijs operam dare non possunt, tam egregijs ueterū monimentis defraudant. Etenim cùm pro se quisq; eniti ac contendere debeat,ut omnia sua studia, omnemq́; industriam ad Reipub.utilitatem dirigat : non tam spectandum est quid nobis maximam gloriam parere, quàm quid ex usu Reip.maximè possit esse. Ego autem ex quo iuris legumq́; studijs deditus uerè re ipsa didici quantum utriusq; linguæ cognitio ad eam professionē momenti haberet:quamq́; nemo,hoc præsertim tam erudito seculo, Iureconsulti nomen tueri posset,nisi ex ipsis fontibus,hoc est,politiori utriusque linguæ literatura,philosophisq́;,ea potissimum parte, quam ἠθικὴν uocant,eam laudem hauriret: nihil neque prius habui, neque antiquius, quàm in ijs perdiscendis, sine quibus solida legum cognitio parari non potest, sic me exercere, ut ipse tandem aliquando etiam aliquid in communem usum proferre possem,

quò

quò me non omnino oleum & operam (quod aiunt)
in eo studiorum genere impensam perdidisse declara-
rem. Itaque quod huic meæ ætati, in qua imbecillitas
iudicij grauiores res tractare prohibet , aptißimum
congruentißimumꝗ; uisum est, tale argumentum de-
legi, quod & utilitate & suauitate senes æquè ac iu
uenes ad lectionem sui inuitare posset. Quid enim Tra
gœdiarum lectione pulchrius ? quid ad eloquentiam
prudentiamꝗ; comparandam utilius ? Quemadmodum enim in Comœdijs imagines quædam & simulacra communem hominum uitam repræsentantia
oculis subijciuntur : sic in Tragœdijs magnorum Regum Principumꝗ; casus, regnorum mutationes, uarie
tasꝗ; Fortunæ spectanda tanquam in speculo propo-
nuntur. Adde quòd nusquam alibi tam utilia de gu-
bernanda benè Repub. præcepta tam dextrè , tamꝗ;
aptè mutua communicatione ac συζητήσει explican-
tur : quæ utinam diligenter legerentur, aut lecta , ab
his, qui ad Reip. gubernacula aspirant, expenderẽtur,
rectius se res humanæ haberent, neꝗ; tam uarijs fluctibus τῆς τῶν πολυπραγμόνων πολιτγίας ἐκβλη-
σαμένης sursum ac deorsum omnia uoluerentur.
Quàm suauis foret & personarũ & rerum omnium
ἁρμονία, si Remp. sic constitutam cernere liceret, ubi
suo quisque munere contentus, in ea, quam nactus esset, Sparta exornãda præcellere potius, quàm in alijs,

a 3   quæ

quæ ab officio suo aliena sunt, exercendis operam ponere pulchrã duceret: tum uerò ἀναλογίας τῆς γεω-
μεβρικῆς quam tantopere omnes Reip. necessariã esse
prædicant, quam Plato grauiter uereq́; non uno in loco δῶρον θεῶν appellat, uim atque utilitatem euiden-
ter conspiceremus. Atqui eò redierunt hominum mo
res, quod & quotidie cernimus usu uenire, & Tra-
gœdiarum scriptores graphicè depingunt, ut nil nisi
magnum animo concipiant, ut simul atque humo se
sustollere possunt, sine alarum, quod dicitur, remigio
sydera affectent, ut Pygmæi onera, quibus uix ipse
Atlas par sit, subire non uereantur. Quæ quidem temeritas etsi quibusdam interdum ex sententia succe-
dat, alij tamen pœnas luunt, & Icari in morem dif-
fluentibus solis ardore alis præcipites ruunt, ac sibi-
ipsi exitium accersunt. Alij quorum periculum per-
niciesq́; etiam in alios redundat, Phaëthontis exemplo
& se, & totas Resp. concutiunt, ac subuertunt: neque ex alijs fontibus hæc pestis promanat, quàm ex
ea humanæ mentis ambitione, quæ non examinatis
proprijs uiribus nihil non temerario ausu & tentat
& aggreditur: ea enim uerè quod de diuitijs quidam apud Aristophanem ait,

Καθάπερ ἰαβρὸς κακὸς
Τυφλὲς βλέποντας παραλαβὼν πάντας ποιῶ.

Deinde quantam ruinam secum trahat neglecta illa
ἀναλ

ἀναλογίας τῆς γεωμετρικῆς ἀντεξίας quis non uidet?
sine qua nullam Remp. nec constitui feliciter, nec con
sistere posse etiam Vlysses apud Euripidem testatur.
Vt autem hoc hominum genus præsentem Rebuspub.
perniciem adfert, ita illud uituperandum quoque ex-
tremò grauiter monent, etiamsi nemini perinde ac sibi noxium sit, qui otio marcescere uiuere demum pu-
tant, in eoq́; summum bonum collocandum sibi per-
suadent, nihil ad communem hominum societatem
tuendam studij, nihil operæ in medium conferunt,
ἀσύμβολοι in Repub. uersantes : homines non re , sed
nomine. Quæ omnia etsi apud philosophos grauissimè
disputentur: in Tragœdijs tamen exemplis uarijs, &
ὑποθετικῶς ita illustrantur, ut neminem non monere
& flectere mirifica illæ uitæ imagines possint.
Quàm pulchra passim exempla obuia sunt, quibus ui
tam Princeps meliorem reddere, quibus alteram for-
tem aduersis sperare, secundis metuere discat ! Quis
adeò ferreo est animo, uel obstinato ad scelera pectore, qui Oedipi ærumnas, ærumnarumq́; causas legens
non moueatur? non mutetur ? cui non meridiana luce
clarius esse uideatur, diuinitus sic comparatum esse,
ut atrocia flagitia pœnæ etiam consequantur consi-
miles? Nam cùm florentissimo regno præesset, propter
parricidiũ, & incestam cum matre consuetudinem,
in luctuosissimam fortunam præcipitatus , ipsi sibi

oculos

oculos eruit, & uiƈtum senex regno pulsus sibi quæ-
rere coaƈtus est. Neque uerò ipse solus afflictus fuit,
sed in uniuersam eius progeniem horribiles pœnæ
grassatæ sunt. Mater eius Iocasta, ac eadem uxor,
laqueo ob flagitium quod imprudens cum filio com-
miserat, se strangulauit: filij de regno dimicantes mutuis uulneribus occubuerunt: tandem uerò Antigone
miserabili fato interijt, ut latè in posteriore Tragœdia exponitur: in qua quid adumbrat aliud poëta,
quàm præsentem esse & Reip. & ipsis principibus
perniciem τλυ ἀβελίαν? Nam Creon Thebarũ Rex
cùm pro sua libidine omnia ageret, nec sano consilio
locum ullum relinqueret, religionem contemneret, Ti-
resiam bene monentem reijceret, ex alia in aliam
præcipitatus calamitatem, grauissimo tandem suo
malo didicit sapere. Quid de Atreo & Thyeste? quid
de miserrima Priami fortuna? quid de alijs dicam?
quorum etsi ueteres historiæ meminerunt, tenacius
tamen hærent, magisq́; animos hominum afficiunt,
quæ in Tragœdijs quasi coràm geri uidentur. In
Aiace autem Sophocles quid aliud sibi uult, quàm ex
nimia ambitione καὶ φιλονεικία homines de statu
mentis suæ deturbari, & tandem in magnas calamitates ruere? ut uidemus Aiacem armis Achillis
frustratum præcipuo cuique in exercitu necem moliri. Sed Deus, cui principum & Reipub. salus curæ

est

est, hanc impietatem, animiq́; ferociam retudit, ac
hominem in furorem actum ad armenta conuertit:
qui dum se putat flagris cædere, & mactare principes, boues, atq́; alia, pecora iugulat : quod ad se reuersus cùm resciuit, sibýpsi, doloris impatientia uictus, manus attulit. At quã egregia ubiq́; præcepta
aspersa sunt, quàm graues sententiæ de pietate erga
Deum, de referenda bene meritis gratia, de obedientia magistratui præstanda, de moderanda ira? Quàm
prudens Vlysses introducitur, qui inimicitias post
mortem prorogari impium existimãs, Agamemnonem cum Teucro de Aiacis cadauere digladiantem
monet, ut cadauer, quod fas æquumq́; postulat, terræ
mandari permitteret. Sed sentio me nunc epistolæ
metas egredi: quare ad tuam Celsitudinem uenio, sub
cuius nomine hæ Sophoclis duæ Tragœdiæ, quarum
altera AIAX, altera ANTIGONE inscribitur, in
lucem prodeunt: in quibus quidem uertendis quantum
præstiterimus, tuæ Celsitudinis, si quãdo lectioni aliquid tẽporis dare dignabitur, doctorumq́; hominũ iudicium esto. Sumpsimus certè hoc quicquid est operæ
eò libentius: quòd sperauimus fore, ut nostro exemplo
prouocati eruditiores in huius generis occupationes
plusculum laboris sint collocaturi. Nec enim ut rem
paruam aspernari quisquam poterit, qui sciat olim
regum hoc opus principumq́; fuisse : quemadmodum

de Dionyſio Siculorum tyranno, de Octauio Augu-
ſto,& alijs multis proditum eſt.Quin hic ipſe Sopho
cles unus ex principibus Athenienſis Reipub.fuit, ac
Tragœdias, ut autor eſt Suidas centum uingintitres:
ut autē alij uolunt multò plures edidit.Lucubratiun-
culam igitur hanc ceu προτέλεια quædam tibi dedi-
co,conſecroq̃;,illuſtris princeps,ut qui præter inſignē
antiquamq̃; generis nobilitatem, præter ſummum dignitatis faſtigium,præter alias eximias,& corporis
& ingenij dotes, quibus inter noſtræ ætatis heroas
emines,eo nomine uel præcipuè commenderis, quòd et
ipſe rara quadam eruditione, doctrinaq̃; ſingulari
præditus, eruditis hominibus impensè faueas, ac lite-
rarum te, literatorumq̃; aſſertorem egregium præ-
ſtes : qua quidem laude nulla poteſt eſſe am-
plior. Precor Deum Opt. Max.ut noſtris te regionibus ac Reip. quàm
diutiſsimè ſeruet incolu-
mem.Louanij Idib.
Octobr.Anno
à Chriſto
nato
M. D. XLVIII.

STEPHANI STRATII
IVRECONSVL. ANTVERPIANI
EPISTOLA, QVA GEORGIVM
Rotallerum ad Sophoclis sui editio-
nem adhortatur, Calend.
Auguſt. M. D. L.

Aĩacis furias, infœlicemꝗ́ Creonta,
    Dignum perpetua laude Sophoclis opus,
Iam tuus iſte labor, tragicæꝗ́ peritia Muſæ,
    Romulidûm iuſſit ferre patiꝗ́ togam.
Et Telamone ſatum toga, Thebarumꝗ́ tyrannum,
    Non ſecus ac olim pallia Græca decent.
Sic Latio retulit ſermone Terentius, antè
    Quæ fuerat Grajis fabula ſcripta modis.
Inueniſſe quidem, ſed & eſt uertiſſe decorum:
    Et peregrina, uelut reſtituiſſe ſua.
Vſꝗ́ adeo, ut uariet populi ſententia diſcors,
    Autor, an interpres ſit potiore loco.
Ergo tuo geminus ſtudio producitur Aiax:
    Et geminus, præceps in ſua fata, Creon.
Et meritò. quòd enim ſemel inſaniuerit Aiax,
    Non ſatis exemplo Iuppiter eſſe putat.
Sæpius ille Deam belli meliora monentem,
    Sedula cùm Gracis Aegide ferret opem,
Reppulit, adyciens etiam conuicia culpæ,
    Se ratus inuito uincere poſſe Ioue.
Patris & eluſit uerbis mandata ſuperbis,
    Heu malè confiſus uiribus ipſe ſuis.
Deniꝗ, uincendi quo non iam percitus æſtro,
    Atꝗ mala flagrans ambitione ruit?

Teſtis

Testis Vlysses erit cum principe classis Achiuæ,
    Donec Mæonidis nobile uiuet opus.
Nam sese proceres credens iugulare Pelasgos,
    Dicitur armentis commaculasse manus.
Hinc iræ impatiens Græcè furit, atq́ Latinè:
    Et documenta sui certa furoris habet.
Debuit & luctu multo grauiore moueri,
    Impius abiecta relligione Creon.
Scilicet, humani iuris temerator & æqui,
    Dum tenet arbitrio regia sceptra suo,
Lacrymula poterit nati cum coniuge manes,
    Antigonenq́ sibi conciliare piam?
Sæuitiæ monimenta tuæ tria funera ritu,
    Si nescis, alio sunt reparanda tibi.
Neu sceleris pœnam, quod sponte sciensq́ patrasti,
    Post longas repetat Iuppiter ipse moras,
Incipe mœrori legem præscribere iustam,
    Acrior & uindex criminis esse tui.
Planxisti, fateor: nullo quoq̃ tempore mendax
    Funerei luctus Græcia testis erit.
Ditis at irati nec sit componere uultum,
    Aut isto poteras thure litare Ioui.
Quo fit, ut Ausonias etiamnum squallidus aures,
    Permoueas querulo carmine sæpe Creon.
Et qui nuper eras Graio miserandus amictu,
    Non minus in Latia nunc quoq̃ ueste gemas.
Hoc uiolata Iouis placantur numina pacto,
    Hasq́ mali pœnas exigit ira Deûm.
O te fœlici prognatum sidere uatem,
    Qui potes in numeros ista referre tuos.

Nanq; cothurnata sunt hæc monimenta Camœnæ,
   Digna Sibyllæos exuperare dies.
Solus at ipse uetas, quod nec prohibere Sophocles
   Vellet, in hac causa sit licet ille prior.
Illius obstruxit famæ tua Musa Georgi:
   Quodá; decus nuper solus habebat, habes.
Nec tamen in tenebris optat tua scripta perire
   Inuidus, aut tineas exaturare putres:
Egregia sed ouans tantum pro laude reportat,
   Argumenta tibi quòd placuere sua.
At tu Cimmerias Aiacem sæuus in oras
   Trudis, & Antigonen uis sine teste legi.
Ingenio sic testis abest, tragicisá; cothurnis,
   Quos populi par est docta per ora uehi.
Dic mihi, cùm Musis scribas & Apolline digna,
   Quosá; putet numeros Naso poëta suos,
Ore quid ingrato proprias damnasse tabellas,
   Et nimis ipse tibi displicuisse studes?
Non ita deformes odit pia simia fœtus,
   Sed fouet amplexu, sollicitoá; sinu.
Fortiter illa quidem Naturam ferre nouercam,
   Tu genium Phœbi dissimulare potes?
Indoctón? stylo facis, inuitaá; Minerua,
   Nemo quod ingenio uincere possit, opus?
Scilicet, exciderant iuuenili fusa calore,
   In quibus elucet non imitanda manus.
Quære peregrinum, qui te non norit, ut istis
   Credulus obiectis possit habere fidem.
Sed tua te nimium manifesto carmina produnt,
   Vt sit ab inspecto notior ungue leo.

Nam simul ac socia natura potentior arte,
    Impulit ad calamos cor animuḿ tuum.
Scribis, uera loquor, cedris & digna cupresso:
    Verba nec a rebus sunt aliena suis.
Nunc elegos tractasse leues, modulosá Phaleuci,
    Nunc etiam tragicum personuisse decet.
Pectoris & postquam uenas inflauit Apollo,
    Omnia sunt numeris inferiora tuis.
Quare Castalio ter cùm sis munere foelix,
    Cur tua frustratur laude Camœna sua?
Quin, exploratis committito carbasa uentis:
    Ipse uel hanc puppim per mare Phœbus aget.
A scopulis tutam, lethuḿ ferentibus undis,
    Dirigit Aony turba perita chori.
Nec ducibus tantis audes te credere ponto?
    I miser: hic metus est rusticus, atq́ pudor.
Sed fortasse tuo demus non pauca pudori,
    An uenia poteris dignior esse tamen?
Nam quæ te dociles enutriuere sub annos
    Pierides, Clario numina sacra, nouem,
Haud impune feres precio spoliasse laboris,
    Vltio si læsas tangit & ira deas.
Quoq́ magis caueas, referam notißima toto
    Fonte Medusæo carmine facta breui.
Nec, quia te didicisse reor, meminisse pigebit,
    Vt uel ab exemplo doctior esse queas.
Sic male quisq́ sibi, cùm rerum postulat usus,
    Consulit, ac sequitur deteriora fere.
Celsus erat lyrica uatum celeberrimus artis,
    Inclyta quos habuit tempore Roma suo.

Cedere

...re non Celso dubitauit Horatius olim,
    Sit licèt Ausoniæ nunc caput ille lyræ.
Quo minus, at quæris, numerosa poëmata nostros
    Detineant oculos impediantq́; manus,
Si quid habent ueri uiuacibus illita chartis,
    Totius in promptu causa futura rei est.
Fama secuta fuit, iuuenem cum thure Sabæo
    Thespiades multa sollicitasse prece,
Posset ut interpres operi succedere dignus,
    Pindaricæ retinet quod monimenta lyræ.
Exoratus erat Phœbus, Phœbiq́; sorores,
    Certaq́; Parnassus uertice signa dabat:
Ecce nouo, mirum, correptus numine Celsus,
    Melpomene uires suppeditante suas,
Romuleæ Graium fœliciter inserit urbi,
    Ausonijs mutans pallia Græca togis.
Nec manus à tabula deponitur antè, Latino
    Quàm desperatum carmine claudit opus.
Parte ferunt lecta Musas stupuisse libelli:
    Et sua miratus munera Phœbus, ait,
Pindare nuper eras Latijs peregrinus in agris,
    Nunc studio Celsi iura Quiritis habes.
Sic Heliconiades mecum uoluere, nec isto
    Est quod te pudeat serius ore loqui.
Te dominus rerum multa cum laude Senatus,
    Et Romana teret plebs, populusq́; manu.
Ac nostro meritoq́; tuo celebratus abundè,
    Sublimi feries uertice summa poli.
Verba fides sequitur. uolat ecce per arua Latina
    Pindarici uatis nuntia forma noui.

                                    Quóq́;

Quòq́ʒ fit utilitas magnarum publica rerum,
    Quàm ſcelus eſt ingens continuiſſe domi.
Vndiq́ʒ ſolliciti coeunt iuuenesq́ʒ, senesq́ʒ,
    Et precibus Celſum turba fatigat inops.
Ille negat, differt: cauſasq́ʒ diſertus utrinq́ʒ
    Explicat, ut uulgi non ſit in ore frequens.
Hactenus & uenia poterat quoq́ʒ dignus haberi,
    Nam ſolet hoc uitium uatibus eſſe bonis,
Vt ſua lambentes urſino more reforment,
    Nec niſi permittant poſt duo luſtra legi.
Celſus at iſte domi tacitè ſibi plaudit, & idem
    Auſonios ridet ſpe cecidiſſe ſua.
Hinc Aganippæas merito querimonia tangit,
    Quam plebs, quam populus, quamq́ʒ Senatus agit.
Et ſua iam Muſæ, ſua munera Phœbus & odit:
    Vſq́ʒ adeo ingrati gratia nulla uiri eſt.
Deniq́ʒ concilio placuit uindicta coacto:
    Et ſceleris uindex Mulciber ipſe fuit.
Nam ſubito mediæ per cuncta ſilentia noctis,
    Qua poſitum uates parte fouebat opus,
Occupat immeritos flamma populante penates,
    Immiſſoq́ʒ ferox expiat igne nefas.
Celſus ut hæc ſentit, ſine ſomno forte iacebat,
    Impiger extremam flumina poſcit opem.
Auxiliumq́ʒ miſer uicina ſperat ab unda,
    Dum noua Neptuno uota precesq́ʒ facit.
Hauſta ſed, ò mirum, ſolitis ſine uiribus unda,
    Vulcanoq́ʒ dabant flumina ſponte locum.
Scilicet Aonidum cauſam Neptune fouebas,
    Quamuis natura Mulciber hoſtis erat.

                            Hæc

Hac operum Celfi finis:fed & exitus illum
   Hic lyricos inter nomen habere netat.
Neue fit ingratus pofthac fine nindice,longi
   Irritus ecce labor temporis igne perit.
Atq, ita momento fpes facta caduca poëtæ eft,
   Quam fibi poft cineres fecerat ipfe fuos.
Hoc decet exemplo,quo non illuftrius ullum,
   Aut pro materia certius effe poteft,
A tenebris monitum defendere fcripta,fituq;
   Vt fic nicta pudor,det quoq, terga metus.
Pelle moram,fictasq, moræ procul abijce caufas:
   Ecquid enim fruftra tempora longa teris?
Nonne nides,prudens ut publica commoda tardas,
   Quæ potes ingenio demeruiffe tuo?
Difce tui niuus mercedem ferre laboris,
   Nam uenit extructo gloria fera rogo.
Sic te Phœbus amet redimitum tempora lauro,
   Treisq, fimul Charites, Pieridesq, nouem.
Sic te Mercurius faciat fermone difertum,
   Atq, fuo foueat docta Minerua finu.

IN DVAS SOPH. TRAGOEDIAS

AIACEM FLAGELLIFERVM,
& Antigonen,à Georgio Rotallero
Phryfio uerfas ,Corne-
lius Scribonius.

O TEVCER,ô Tegmeffa,trifteis ponite
   Luctus,querelas,lacrymas.
Qui nuper occidit fua ipfius manu
   Iam nefter ille Aiax(nece
Procul)reuixit,mentis ex infania

Rurſum receptis ſenſibus.
Quin tu quoq, heus Creon miſerrime omnium
  Regum, dolere deſine.
Tua illa coniux, cum tuo illo filio
  Eiusq, ſponſa nobili
Stulta tua tyrannide extincti, noua
  Vitæ fruuntur munere.
Hos eruditus ille prædulciſsima
  Potens Rotallerus lyra
More Orpheos reduxit è nigrantibus
  Horrentis Orci faucibus.
Quiq, antea Sermone ſunt uſi Atticò
  Graijs nitenteis pallijs:
Nunc illius beneficio urbis Romuli
  Ciueis, eunt clari in togis,
Perinde Romanis loquenteis uocibus,
  Ac ſi illa in urbe à faſcijs
Siue educati, ſiue prognati ſient
  Latijs utrinq, parentibus.

AD CANDIDVM LECTO-
REM GEORGIVS
ROTALLER.

SI uacat urgenteis lector ſeponere curas,
  Et dare nunc tragicis tempora parua libris:
Excipe non duro iuuenilia carmina uultu,
  Hocq, cothurnati perlege uatis opus.
Quem nos, dum cupimus lingua monimenta Latinæ
  Scrutari, & Graios perdidiciſſe ſonos:
Iuſsimus Auſonia redimitum exire lacerna,

Et trep

Et trepidum uultus ante uenire tuos.
Verba Sophocleis si non satis apta cothurnis
   Forte leges, tragicis atq; minora sonis:
Pone supercilium, placidam neq; contrahe frontem,
   Scriptaq́; cum uenia qualiacunq; lege.
Non ea libertas alieno offertur in agro,
   Quam quis habet propria quando laborat humo.
Carcere conclusus certis cohibetur habenis,
   Præscriptaq́; sibi cogitur ire uia.
Sed quem nulla premit rigidæ custodia legis,
   Per loca non alijs peruia, liber abit.
Per iuga, per saltus, per amœna uireta uagatur:
   Iam thyma, iam teneras subsecat ungue rosas.
Iam graditur lentè, cursu iam fertur anhelo,
   Iam duro, molli iam pede calcat humum.
Deniq; diuersas assumit dictio formas
   Materiæ eloquio conueniente sua.
Quòd si hæc non poterunt uenia tibi digna uideri,
   Quæ sunt præcipuo digna fauore tamen:
Et tyrocinium, ueniamq́; merebitur ætas,
   Quæ nondum quintam clausit Olympiadem.
Præmia non aufert fulua gladiator arena,
   Sæua rudi primum qui capit arma manu.
Nec qua nunc latè uiridantem proijcit umbram
   Quo posita est arbor tempore, talis erat.
Nostraq́; adhuc edet meliores tibia cantus,
   Tempora si uitæ sint diuturna mea.

                   b 3   ARG

ARGVMENTVM FA-
BVLAE, EX GRAE-
CO TRADV-
CTVM.

ABVLA ad res Troianas ſpectat quē-
admodū Antenoridæ, Captiuæ Helenę ra-
ptus,& Memnon. Nā cæſo in pugna Achille inter Aiacem & Vlyſſem de corpore fe-
rendo incidit cōtrouerſia, quòd alter altero
in hoc munere obeūdo ſibi uideretur præ-
ſtantior. Ac cùm in iudicio de armis eius cōtenderent, Vlyſſes illa obtinuit. Vnde Aiax quòd cauſa cecidiſſet, nimio dolore in furorē actus inuaſit gregem, exiſtimās ſe Græcos tru
cidare, ac alias quidem ex quadrupedibus iugulat, alias uerò
colligatas in tentoria abducit. Inter quas eximia quadam ma-
gnitudine Aries eſt: quem, Vlyſſem eſſe ſuſpicans, ligatū fla-
gellat. Vnde Titulus huic Tragœdiæ inditus eſt Aiax μαςι-
γοφόρος, id eſt, flagellifer.aut ad differentiam Locri. Dicæar-
chus autē titulum præfigit, Aiacis mors. Sed cum exhibetur
fabula, Aiax ſimpliciter inſcribitur. Hæc igitur facit Aiax.
Vlyſſem autem in tentoriis deprehendit Minerua ſpeculan-
tem quidnam agat Aiax, ac quæcunq; geſta ſunt ei narrat:uo
catq; tandem ut foras prodeat Aiacem etiamnum furioſum
& ſuperbè ſe efferentem gloriātemq; de interfectis hoſtibus
ſuis. Deinde ſe in ædes recipit Vlyſſem flagris cæſurus. Accedit interea Chorus ex nautis Salaminiis, ſciens quidem ma
ctatum eſſe Græcorū gregem, autorem uerò ignorans. Egre
ditur etiam Tegmeſſa, quam bello captam Aiax pro concu-
bina habebat, ſciens quidem ab Aiace ſtragem gregis editā:
uerùm cuiuſnam gregis ignāra. Vterq; igitur quod ignora-
bat ab utroq; edoctus: Chorus quidē à Tegmeſſa, quòd Aiax
cædis eſſet autor: Tegmeſſa uiciſſim Græci exercitus eſſe
gregem: lugent, maxime Chorus. Deinde Aiax iam ad ſe re-
uerſus mentisq; compos egreditur, & ſua facta deplorat.
Tegmeſſa eum, ut iram remittat, obſecrat. Ille uerò iam ſe
remiſiſſe ſimulans, exit tanquam ſe cædemq; expiaturus, ac

mort

mortem sibi conscscit. Sub finem fabulæ côtentiones sunt,
Teucri aduersus Menelaum non permittentem cadauer se-
peliri: tandem autem sepultum Teucer luget. Porrò fabula hoc innuit,ex ira,nimiaq̃; uincendi cupiditate huiuscemo-
di morbos existere. Quemadmodum Aiax sperans se armis
potiturum, & frustratus ipse sibi manus adfert. Atq; id genus
contentiones ne ipsis quidem qui uidetur superiores euasisse
sunt utiles. Vide quid Homerus de hac Aiacis calamitate breuiter quidem,sed patheticè scribat:

Sola sed Aiacis reliquis procul umbra recessit
Arma ob Pelidæ magno commota furore.

Deinde audi quid uictor dicat:

O utinam haud essem tali in certamine uictor.

Nihil igitur utilitatis attulit ei uictoria tanti uiri morte re-
dempta.

Fabulæ actio constituitur prope tentoria Aiacis in naualibus. Mirè autem inducit Mineruam initio loquentem. Ab-
surdum enim fuisset Aiacem egressum narrare quæ à se fue-
rant gesta,& ipsum se reprehendere. Neq; quisquam alius po-
tuisset rescire quæ secretò & noctu ab Aiace designata erat.
Dei fuerat ista palàm facere,& quidem Mineruæ,quæ Vlys-
sis parteis studiosè fouebat,ut in fabula est.

-Et hanc ideo prodij in uiam
Custos tibi & tuo fauens uenatui.

De morte Aiacis uariant apud autores sententiæ. Alii aiunt
à Paride uulneratum uenisse in castra sua sanguine diffluen-
tem. Alii Troianis oraculum editum,ut luto eum cœnoq; pe-
terent,ferro enim uulnerari nó poterat , & hoc modo obiis-
se. Alii rursus, ipsum sibi mortem consciuisse asserunt,quo-
rum est etiam in numero Sophocles. De latere uerò,
quòd illud solùm uulnerabile esset , Pindarus
meminit. Corpus quidem qua parte leo-
nino tegebatur exuuio uulnerari
non potuisse,quà uerò patebat,fuisse uulneribus
obnoxium.

PERSONAE FABVLAE.

MINERVA.
VLYSSES.
AIAX.
CHORVS *senum Salaminiorum.*
TEGMESSA.
NVNTIVS.
TEVCER.
MENELAVS.
AGAMEMNON.

SOPHOCLIS
AIAX FLA-
GELLI-
FER.

GEORGIO ROTALLERO
INTERPRETE.

Præfatur Minerua.

EMPER *quidem Laërte nate*
conspicor
Id te studere, ut hostium uites
dolos,
Tentorijs ut cerno nunc in nau-
ticis,

Extremum ubi tenet ferox Aiax locum,
Venari, & indagare sedulo, illius
Impressa terris iam recèns uestigia,
Domi sit, an non, ut scias. At tempori
Tua huc Laconici ut canis sagacitas
Se contulit. Nam nunc uir intus desidet
Sudore diffluens caput, manusq; habens
Cruore, & atris taminatas cædibus.
Nec est in ædeis quod ita figas lumina,
Sed qua laborem hunc gratia susceperis
Mihi refer, quæcunq; scire postulas

b 4   *Mox*

Mox omnium ex me Vlysse fies certior.

VLYSSES. O' uox Mineruæ inter Deas chariſsima

Quàm facilis agnitu,licèt mihi haud eras

Conſpecta,ea aureis perſonat tamen meas

Animiq́; prorſus,clarus uti Tyrrhenicæ

Sonus tubæ,pertranſÿt præcordia.

Et nunc uirum ſcis propter aduerſarium

Hîc ſuúq́; deq́; ſollicitus obambulo.

Scutum ferentem maximum Aiacem uolo,hunc

Iam quæro dudum,& præter illum neminem.

Nam nocte quoddam hac perpetraſſe dicitur

Infame crimen,id quidem eſt patratum.An is

Sit autem,haud dum liquidò conſtat & animi

Pendemus omnes.ut igitur certus forem,

His ſponte me nunc ſubdidi laboribus.

Nam perditam totam quidem deprendimus

Prædam,manúq́; feram necem illatam gregi

Cum ſedulis ſimul gregis cuſtodibus

Omneis in illum conferunt facti ſcelus.

Quin ille qui ſpectator adfuit,ordine

Omnem mihi recenſuit cædis modum,

Per prata ut exultauerit dextra tenens

Enſem recèns cruore fuſo luridum.

Ac mox ſequutus illius ueſtigia

Alia quidem agnoui,at alÿs rurſus fui

Turbatus,atq́; ignoro cuius illa ſint.

Itaq

Itaque peropportunè ades,etenim ut omnia
Alia priora,sic futura quoque omnia
Tuo geram adiutus Minerua numine.

MIN. Id Vlysse scio,& hanc ideò prodij in uiam
Custos tibi,& tuo fauens uenatui.

VLY. Charissima mihi domina,dic,in tempore
Istum tibi uideor laborem sumere?

MIN. Quid ni?uiri cùm illius hæc sint facinora.

VLY. Quid ad inopinatum scelus manum impulit?

MIN. Aeacidæ ob arma furore commotus graui.

VLY. Cur uerò in armenta faciebat impetum?

MIN. Vestra ratus se cæde polluere manus.

VLY. Molitus ista fuit in Argolicam manum?

MIN. Ac rem peregisset nisi obstitissem ego.

VLY. Qua audacia id tandem cedò aut ferocia?

MIN. Vos noctu adortus solus insidijs fuit.

VLY. Propius'ne ad ipsa castra promouit gradum?

MIN. Iam stabat ad geminas fores exercitus.

VLY. Quînam furentem à cæde cohibuit manum?

MIN. Ego à nefando hominem represi gaudio,
Oculosq́; falsa fascinans imagine
Conuerti in armentum,rapinaq́; pecora
Abacta,quæ indistincta ibi à pastoribus
Custodiebantur pariter,huc irruens
Cornigera grassabatur undiq́; cædibus
Inter animalia,ac iam Atreidas dextera

b 5   Sua

Sua uidebatur sibi dedere neci,

Iamq; in alium atq; alium ducum facere impetus.

At ego incitaui hominem furenti præditum

Morbo, inq; sæuam præcipitem Erinnyn dedi.

Ac tandem ubi à cædendo conquieuerat,

Constrinxit arctis uinculis uiuos boues,

Gregemq; totum duxit in suam domum,

Haud aliter ac si comprehendisset uiros,

Et non gerenteis alta cornua pecudes,

Rigidisq; nunc domi uinctas cædit flagris.

Atque efficiam oculis tuis morbum ferum

Coràm intuebere, ut Pelasgis indices.

Consiste fortiter, animumq; suscipe.

Ne ue moueare calamitatibus uiri.

Ego siquidem auersos ita facile radios

Dirigam oculorum, ut abs tui aspectu arceam.

Heus qui coërces uinculis captas manus

Accedito huc: te Aiax uoco, prodi foras.

V L Y. Quid agis Minerua? ne precor hominē euoces.

M I N. Nunquid silebis, ac timere desines?

V L Y. Ne per Deos intus sat est si remaneat.

M I N. Cur non uocem? non ille & antehac uir fuit?

V L Y. Hostis quidem mihi fuit, & est etiam adhuc.

M I N. Ridere ob hostem risus est dulcissimus.

V L Y. Satis mihi est uti remaneat in ædibus.

M I N. Furore'ne uirum percitum aspicere times?

V L Y. *Non sic timerem si sui compos foret.*

M I N. *At te quidem haud uidebit,etsi adsis propè.*

V L Y. *Quî sic? ijsdem ille tamen utitur oculis.*

M I N. *Ego palpebris etiam illius uidentibus*
Caliginem offusura sum.

V L Y. *Quæ fausta sunt*
Dijs agantur omnia gubernantibus.

M I N. *Nunc subtice,locoq́; eodem,ubi es,mane.*

V L Y. *Manebo,quamuis malim abesse longius.*

M I N. *Heus tu,secundum iam uoco te Aiax,quid est*
Quòd adeò parui me uideris pendere?

A I A X. *Minerua salue,maximi salue Iouis*
Proles,ut opportuna nunc ades,aureo
Te ornabo spolio,huiusce prædæ gratia.

M I N. *Rectè,sed illud nunc mihi expedias uelim*
Hastam'ne Danaum iam imbuisti copijs?

A I A X. *Id gloriari queo,nec est quare negem.*

M I. *Nunquid etiã armasti erga Atreidas dexterã?*

A I A X. *Ae sic quidem,ut non fas sit illis amplius*
Aiacem atroci afficere contumelia.

M I N. *Sunt mortui illi,uerba si intelligo tua.*

A I A X. *Iam mortui,mea si uelint arma rapiant.*

M I N. *Age uerò dic, Laërte natus quo in statu est*
Tecum,an'ne dexteram ille suffugit tuam?

A I A X. *De uulpe pestifera atque scelerata rogas?*

M I N. *Sic est,de Vlysse rogo tuo aduersario.*

AIAX.

A I A X. *Captiuus ô regina iucundißimus*
Intus sedet, nec eum prius uolo mori.
M I N. *Quid fiet illo igitur? quid hinc captas lucri?*
A I A X. *Quam colligatus ad columnas ædium.*
M I N. *Quæ in miserum es exempla æditurus postea?*
A I A X. *Tergum cruentatus flagris necem oppetat.*
M I N. *Ne sic precor miserum flagellis conseces.*
A I A X. *Sine unica hac in re meo me affectui*
Obtemperare, alijs geram in rebus animo
Morem tuo: ille hanc mihi, aliam haud pœnă dabit.
M I N. *Age igitur, isthuc quando sit tanta facere*
Tibi uoluptas, utere manu fortiter,
Parcasq́; nihil, exequere quæ fert impetus.
A I A X. *Accingor ad opus. hîc tibi pareo lubens.*
Sic quæso faueas partibus semper meis.
M I N. *Vides Vlysse quæ Deûm est potentia?*
Quis hoc uiro prudentior, uel idoneis
Rebus gerundis extitit felicior?
V L Y. *Noui profectò neminem: quin illius*
Potius calamitatem quòd in tantam incidit,
Doleo uicem: quamuis mihi uelit malè.
Eiusq́; me exemplum status mouet me,
Siquidem nihil nos esse sentio, nisi
Simulacra, quotquot uiuimus, & umbras leueis.
M I N. *Hæc intuetor, nec ferocioribus*
Vnquam lacesse cœlites dictis Deos,

Nec

Nec insolenter te geras, si plusculum
Quàm cæteri dextra uel auro polleas.
Mortalium res auget & premit dies.
Amant modestos, execrantur Dij malos.

CHORVS.

Qui ex Anapesticis, & uarii generis
Iambicis constat.

O Proles Telamonia
Quæ sedemq́; & sceptra maritimæ,
Et quæ salsis undiq́; fluctibus
Resonat, Salamina tenes.
Quando tibi res ex sententia
Cedit, gaudeo plurimum.
At cùm uehemens te diuinitus
Plaga opprimit, aut sæuis obruunt
Conuicijs proceres Pelasgi,
Magnas propter te conijcior
Inq́; ambiguas sollicitudines.
Nec secus ac uolucreis solent
Trepidæq́; columbæ concutior.
Vt nunc etiam nocte elapsa,
Nos magnus tristisq́; tumultus
Infestæ corripuit famæ:
Lata ingressum pascua Danaûm
Armenta, ac prædam quæ bello
Rapta supererat totam

Ferro interfeciſſe coruſco.
Talibus efficlis sermonibus
Omnibus aureis implet Vlyſſes:
Ac facile id perſuadet:de te enim
Quiduis,quod dicit,credibile eſt:
Ac quicunque ſuſurronem audit,
Gaudetq́;,tuisq́; inſultat malis.
Siquidem magnos quiſquis iaculis
Animos petit,haud facile errat.ſed
Si quis de me taleis ſpargeret
Rumores,non perſuaderet.
Summa ferit liuor:ſed ciueis
Humileis ſine magnorum auxilio
Valli uelut inſidi debile
Infirmumq́; eſt munimentum
Etenim cum magnis infauſtæ
Sortis homo,ac cum miſeris magnus
Se erigit,⁊ ſuſtentat.
Verùm hæc ſtultis eſt difficile,
Ob turbas quas id genus homines
Paſſim tota per agmina concitant,
Perſuadere:nec Aiax te ſine
Nos hæc propulſare ualemus.
Nam cùm uultum conſpiciunt tuum,
Haud aliter trepidant,quàm pauidæ
Viſo fugitant uulture uolucreis.

Ac

Ac ſi ſubitò nunc prodires,
Sæua attonitis mox formidine
Obmuteſcere cerneres.
    Sin te ſummi nata Tonantis
Culta ferocibus
Cynthia Tauricis
(O fama triſtis & meæ
Mater nefanda infamiæ)
In publicas ſæuire pecudes impulit:
Irata nullam ſibi relatam gratiam
Abs te, potitus cùm fores uictoria,
Aut celebrium ſpoliorum
Donarijs fruſtrata, uel
Venationis parte.
Aut æreo ſuccinctus
Thorace Mauors, cur tibi
Succenſeat aliquas habet cauſas,
Vt noctis tenebris ſub opacæ
Iniuria affectus aliqua
Inſidijs te exagitet.
Nam compos animi nunquam eò
O proles Telamonia deueniſſes
Mali, ut ita in armenta irrueres.
Morbus tibi diuinitus uenit.
Sed Iuppiter Danaûm ſiniſtram
Vnà cum Phœbo famam arceant.

Quòd

Quòd ſi fortè ab hominibus
Ad hoc ſubornatis, ſceleſtoq́;
Captant genere Siſyphi
Huiuſcemodi fabulas
Magnifici reges:
Ne quæſo, ne rex nauticis
Abſtruſus in tentorijs
Te ſic ſiniſtra fama oneres.
Sed è tuis mox ſedibus te proripe,
Nunc ubi diuturno te
Ac difficili conficis otio,
Peſtemą́; miſſam cœlitus
Magis magisą́; accendis.
Ac hoſtium liberrimè, &
Formidine ſine ulla
Campis uelut in ſpatioſis
Contra te erumpit petulantia:
Aſpera paßim, quæ mea macerant
Sœuo corda dolore,
Effundunt conuicia.
TEGMESSA. O Aiacis ſocij nautica turba
Indigenisq́; ſati ab Erechthidis
Triſti quatimur pectora luctu,
Qui curam prolis Telamoniæ
Procul abſentis patrijs ædibus
Sollicitam gerimus.

Etenim

Etenim acer nunc bello<i>q</i>; ferox
Magnus<i>q</i>; Aiax pressus turbida
Tempestate iacet.
CHOR. Nox ista quodnam onus pro pristina
Nunc attulit quæso quiete,
Phrygij nata Teleutantis
Age narrato:quandoquidem te
Bello captam, & socij in partem
Thalami ascitam Martius Aiax
Adamat,nec enim ignara,ut opinor,es.
TEGM. Quid rem infandam uobis referam?
Tristius ipsa morte malum audies.
Correptus nocte hac insania
Indignum patrauit facinus
Inclytus Aiax.
Mox intra cernes tentoria
Mactatas dextra pecudes
Sanguinolenta,
Huius monimenta uiri.
CHOR. Intolerandam & ineuitabilem
De incenso homine adfers mihi famam.
Quæ iam apud Argiuos iactata
Increbrescit sermone omnium.
Torqueor hei sollicita
Impendentis formidine casus:
Ne celebris uir furiali

c   Perc

Percitus œstro
Atras inferat ipse sibi manus,
Vt mucrone cruento
Pecora atq; ipsos armentarios
Simul omneis iugulauit.
T E G. Eheu,en en iam nobis adest
Captiuum adducens pecudum gregem,
Quarum alias intus humi stratas
Mactauit,latus infixas alias
In geminas disrupit parteis.
Mox arripuit binos arietes
Velleribus uelatos candidis
Caput alterius linguamǵ; recîdit
Extremam:uerùm alteri
Sursum erecto astrictoǵ; columnæ
Magna capistra manu tenens,
Duplici infligit uerbera loro.
Interea improperat conuicia
Quæ non ipse sibi,sed numen,
Quo exagitatur,suggerit.
C H O R. Nunc nunc tempus adest ô socij,
Leuibus caput inuoluite uelis,
Inǵ; fugam ueloceis
Conferte pedes:
Aut curuis considite transtris
Pontigradæǵ; rati laxatas

Solu

Soluite habenas.

Rigidis tonabunt pariter Atridæ minis.

Ac metuo miserè ne

Occumbamus saxis obruti,

Pœnamq; mortiferam

Luamus unà cum illo

Quem furor exercet

Insatiabilis.

T E G. *Haud furit amplius, at uelut acer*

Ex flammifero prorumpens notus

Fulmine, tandem desijt.

Et nunc sanæ compos mentis

Cruciatu affligitur ille nouo.

Quisquis proprias aspicit oculis

Erumnas, nec habens partem in quem

Aliquam transfundat mali,

Magnos sustinet ille dolores.

Trimetri Iamb.

C H. *Si liber à furore sit, ut ais, optimè*

Nobiscum agitur: etenim malo ablato simul

Nostris timor facesset è præcordijs.

T E G. *At forte si quis optionem liberam*

Tibi conferat, age utrum expetas potißimum:

An te suaui perfruente gaudio,

Summis amicos afficere doloribus,

An simul ijsdem concitari luctibus?

Gemin

C H. *Geminum ô mulier est simplici maius malum.*

T E G. *Nos igitur expertes malorum affligimur.*

C H. *Quî sic cedo?nec enim satis id intelligo.*

T E G. *Vir ille morbo percitus graui,malis*
Quibus erat obrutus gaudebat:&
Nos compotes rationis urebat dolor.
At nunc furor cùm cesset,& morbo à fero
Respiret,ægris angitur doloribus.
Nec nos dolore,quàm antè,cruciamur minus.
Cernis igitur iam è simplici duplex malum?

C H. *Sic est,tibi consentio,at malè metuo*
Ne plaga diuinitus aliqua eum iam obruat.
Nam quo modo id fiat,animi ut compos minus
Quàm pressus illa calamitate gaudeat?

T E G. *Rem sic se habere mox faciam ut intelligas.*

C H. *Quænam mali fuere initia?te precor*
Profare,pariter id mali lugentibus.

T E G. *Totam tibi rem expediero,in quem portio*
Parsq́; aliqua nostræ etiam redundat miseriæ.
Nam nocte concubia faces postquam amplius
Nullo fugarent lumine tenebras,manum
Ancipiti obarmans telo,inutileis diu
Quærebat exeundi ab ædibus uias.
At ego increpans,Quã rem, inquam,agis charißime
Aiax?quid incœptas?uocatus nuntio
Haud ullo,& iniußus quid hinc te proripis?

Nec

Nec clasʃicum ʃonuere tubæ,&ʒ exercitus
Totus quiete ʃoporeq́; fruitur.Ille tum
Breui quidem hoc,ʃed uʃitato me ʃtatim
Dicto represʃit,Mulier,inquit.mulieri
Magnum decus confert ʃilentium.Aʃt ego
Simul ac id audieram, monere deʃtiti.
Atq; ille proʃilijt foras ʃolus:neq;
Quid perpetrauerit ibi posʃum dicere.
Verùm domum reuerʃus,armentarios
Canes,bouesq́;,cornigeraq́; animalia,
Tenacibus conʃtricta pariter uinculis,
Adduxit:ac alijs quidem colla ʃecuit,
Alia ligans erecta mactauit,alia
Lacerauit,alia,uiros ueluti uinctos,flagris
Cecîdit:atq; hoc ʃæuijt modo in pecus.
Tandem foras erupit,&ʒ locutus eʃt
Vmbræ cuidam,nunc in Atridas fremens
Acerba,nunc in ducem Ithacum:ʃæpe rigidos
Edens cachinnos gloriabatur graueis
Sumpʃisʃe ʃe pœnas de eorum iniurijs.
Rurʃus deinde proʃilit in ædeis furens,
Longoq́; tandem tempore ad ʃe uix redit.
Compos ʃui poʃtquam cruenta conʃpicit
Repleta ʃtrage tecta:uerberat caput,
Exclamat,ac proʃtratus in cadauerum
Et clade funeʃta gregis recubat,comas

Dirè

Dirè recuruis uellit,extrahit unguibus.
Longoq; sic tacitus resedit tempore.
Pòst deinde diris intonat uerbis,mihi
Crudelia minatur,nisi totam ordine,
Vt accidisset,sibi calamitatem aperiam.
Scitatur in quodnam mali inciderit genus.
At ego metu perculsa rem,quantum quidem
Noram, recensui,ô amici,ut acta erat.
Atqui ille mox lamenta cœpit tristia
Profundere,& questus graueis,qualeis ego
Nunquam antea ex illo audij.ignaui uiri
Ac mentis abiectæ esse dicere solitus
Est ciulatum huiusmodi,ac si quid prius
Aegrè animo erat,quietus ac eiusmodi
Ipse sibi lamentatione temperans
Intus gemebat,ut ferox taurus fremit.
At nunc tam atrocibus obrutus malis homo
Cibo sine & potu iacet animalia
Inter media prolapsus, atq; aliquid mali
Velle aggredi mihi uidetur:talibus
Et uocibus replet & querelis æthera.
Verùm,ô amici,hac mota causa prodij,
Si quam potestis ferte misero ingressi opem:
Amici enim flectere facile amicos solent.
CH. Proles Teleutantis grauia nobis refers,
Magnis uirum furore correptum malis.

AIAX. *Hei mihi,mihi.*

TEG. *Mox ut uidetur altius,nunquid,precor,*
Audiftis,Aiax quàm feros edat fonos?

AIAX. *Hei mihi,mihi.*

CHOR. *Affligi adhuc morbo uidetur,aut acri*
Veteris furoris ægritudine affici.

AIAX. *Hei puer,puer.*

TEG. *Heu me miferrimam,Euryfaces ah te uocat.*
Quid cogitas?ubi es?hei mihi miferrimæ.

AIAX. *Teucrum uoco.Teucer ubi nã eft?perpetuo'ne*
Prædas ab hoftibus agit,ac ego pereo?

CHOR. *Iam compos effe fui mihi uidetur,fores*
Actutum aperiat aliquis:nam fortaffe me
Coràm ille poftquam afpexerit,uerebitur.

TEG. *En aperio,confpicere fas eft facinora*
Quæ fecit,ac quo nunc fit affectus modo.

Trochaici;Iamb.Anapæft.

AIAX. *Chara mihi nautica cohors*
Atq; foli prorfus ex amicis
Nunc mihi relicti,&
Soli adeo rectis inhærere
Legibus comperti,
Cernitis quàm turbidæ
Iam procellæ ceu nigro
Aequore coortæ undiq;
Me opprimant?

C H O. *Hei ut nimis uera mihi de illo prædicas:*
Certas furoris in homine uideo notas.

A I A X. *O`nautica auxiliaris*
Mihi turba,quæ lentos per alta
Agitaſtis æquora remos,
Vos ſolos,uos(inquam)ſolos
Alios inter proceres
Mihi conſpicor propitios.
At pariter me dedite morti.

C H O. *Fauſta loquere, neq; quando medicinam malo*
Facis malis,maiora tibi cumules mala.

A I. *Conſpicis'ne audacem*
Fortis impauidiq́;
Martijs in prælijs animi
Inter intrepidas feras manu
Strennuum?hei quibus cachinnis miſer,
Hei quibus ludibrijs ſum expoſitus?
Quo probro me taminaui neſcius?

T E G. *Ah chare mi Aiax ne loquere talia precor.*

A I A X. *Non te amouebis?nunquid efferes pedem?*
Ah, ah, ah, ah,

C H. *Ah per Deos cedas malo,ad mentem redi.*

A I. *Ah me miſerrimum*
Qui manibus execrabileis
Emiſerim peſteis meis:
Armentáq; in boum

Gregesq; claros irruens
Atrum profudi sanguinem.
CHOR. Quid te ob peracta conficis doloribus?
Infecta fieri rursus illa non queunt.
AIAX. Hei qui intueris omnia,
O omnium semper malorum
Laërte progenite organum,
Veterator impurissime
Exercitus, quanta hæc uidere
Tibi est uoluptas! quos alicubi
Nunc excitas risus!
CHOR. Deo uolente quisque ridet & dolet.
AIAX. O mihi utinam nunc liceat illum
Aspicere, quamuis inuoluto
Tam sæuis ærumnis.
Hei mihi, hei mihi.
CHOR. Caue dixeris quicquam immodestius: uides
Quibus modo iaceas procellis obrutus.
AIAX. O stirpis autor Iuppiter meæ,
Vtinam perempto garrulo
Illo hoste, & impostore peßimo
Geminisq; regibus prius
Neci datis, tandem quoque ipse
Mortem oppetam.
TEG. Quãdo istud optas, simul etiã opta ut tecũ ego
Moriar. quid ah te mortuo uiuere iuuet?

A I A X. *Heu lux mea ut nunc in tenebras*
Mutata es: ô lux fulgidißima
Olim, nunc densißimam
Euanida abijsti in caliginem.
Tollite uestrum tollite dominum,
Abripite me, nec enim Deorum
Genus, aut mansuetorum hominum
Sum, ut meum in auxilium contuear, dignus.
Sed Ioue nata potens Dea
Me letiferis sauciat ictibus.
Quà mihi fuga patet?
Quò recurram? ubi manebo?
Hîc amicis destitutus linquor.
Interijt prior, hei mihi, gloria:
Imminentq́;, sat scio, simul alia.
Vesana in hac uenatione
Procumbo: iam uniuersus accurret
Exercitus telis statim crispantibus
Atque manu utraque ut me neci dedat.
T E G. *Hei mihi, uirum'ne huiusmodi clamoribus*
Resonare, quos nunquam edidißet antea?
A I A X. *O uasto cum murmure fluuij*
In apertum labenteis æquor,
Antra maritima,
Littoraléq; nemus.
Ah nimium me tempore longo

Ad Dardaniæ mœnia Troiæ
Detinuistis, sed non amplius
Me uitalibus ætheris auris
Vescentem retinebitis.
Atque hoc, quicunque modò intelligit,
Sibi persuadeat.
O Scamandri undæ propinquæ
Beneuolæ Argolicis,
Me uirum non amplius tantum
Conspicabimini,
Magna dico, quantum
Troia ab Arginis profectum
Non uidit oris.
At spretus hîc nunc iaceo & inglorius.
CHO. Quî te cohibeam, aut quî sinam ista dicere
Non reperio, his quando implicatus es malis.
AIAX. Aἳ αἲ, quis unquam cogitasset id meum
Ita nomen esse calamitati congruum?
Nunc est procliue bis ter αἰάζειν mihi,
Tantis repentè sum malis circundatus.
Cuius quidem pater hoc in Idæo solo
Re fortiter clareq; gesta præmijs
Primis potitus, nobiliq; gloria
Domum redijt ornatus. atqui ego illius
Proles côdem cùm luci peruenerim
Ad Ilium, haud minore robore præditus

Et res mea isthac non minus claras manu
Cùm gesserim:infamis apud Argiuos ita
Miserè pereo.Verùm,id mihi constat satis,
Viuus si Achilles de suis sententiam
Dixisset armis,arbiterq́; ille potius
Præstantiæ uirtutis extitisset,haud mihi
Arma illa præripuisset alius.Quæ quidem
Nunc gemini Atridæ uersipelli ac pessimo
Homini dederunt,despicati huius uiri
Virtutem & insignia facinora.Atqui nisi
Oculi acies uersa aliò,mensq́; de statu
Suo fuisset mota,non illi amplius
Talem uirum contra tulissent calculos.
At indomita truciq́; cincta Gorgone
Ioue nata Diua iam manum intentantem eis
Fefellit obiecto furore pectori
Morboq́; rabido,uti iugulatis pecudibus
Fuso feras cruore tingerem manus.
Ridere at illis nunc libet suauiter
Hinc me quidem inuito fuga clapsis.nam ubi
Obesse constituit Deus,facile fit,ut
Ignauus effugiat uiri fortis manus.
At nunc quid incipiam? Dijs cùm sim palàm
Inuisus?odit me Pelasgûm exercitus:
Infestaq́; uniuersa Troia est,& etiam
Hæc prata.quid?domum'ne repetam,ac nautica

                                    Hæc

Hac derelicta sede & Atridis,maris
Vada cærula Aegæi secabo?At qua patrem
Fronte Telamonem contuebor?aut quibus
Me suStinebit ille conspicere oculis
Nudum uenire,nec assequutum præmia
Præcipua,quorum gloriam ille adeptus eſt,
Et nobili ornatus corona?Equidem haud queo
Hæc perpeti,res non ferenda.At quid ſi ego
Troianæ in urbis mœnia faciam impetum,
Solusq́; cum solis manus ibi conseram?
Vt poſtquam aliqua præclara geſſero oppetam?
Sed ſic Atridis grata fecero.haud placet.
    Eſt tale tentandum itaque nunc mihi facinus,
Quo ætate confecto queam oſtendere patri
Haud me ex eo degenere prognatum indole.
Viuacitatis turpe deſiderium eſt
Homini malis qui deſtinetur plurimis.
Nam quid diei adiecta delectabile,
Quæ mortis horam prorogat,dies habet?
Non aſsis equidem fecero iſtiuſmodi
Quicunq; fruſtra ſpe fouetur credula.
Sed aut honeſtè uiuere,aut mori decet
Generoſi hominem animi.hæc mea eſt sententia.
CHO. Nihil loquutus es modo quod,Aiax,tuis
A moribus abhorreat:at iſtos tui animi
Reprime feroces impetus:ac id ueris

Conc

Concede amicis, ut animum uincant tuum,
Teq́; his molestis libera cruciatibus.
TEC. Aiax here, haud ullum est malum potentius
Maiús'ue fortuna necessitudine.
Siquidem ego libero sata parente, & opibus,
Si quisquam alius inter Phrygas pollente, nunc
In seruitutem sum redacta, sic Deo
Visum est, tuaq́; maximè prestantia.
Verùm thori postquam tui cubilia
Ingressa sum, te unicè amo, tuaq́; sedulò
Curo. Itaque quæso perq́; Ephestium Iouem
Perq́; socialis iura thalami, ne sinas
Me turbam apud fieri Pelasgam fabulam
Tristissimam, captiua si nunc hostibus
Tuis fuero relicta. Nam te mortuo
(Id statue firmiter) illo eodem me die
Gnatumq́; pariter hunc tuum ui rapiet, ac
Demensum iniqua turba seruili cibum
Compellet ore sumere: quibus ast heri
Ludibrijs, quibus abstinebunt nos probris
Incessere, ut acerbè loquentur? coniugem
En coniugem Aiacis uidete, fortior
Quo nemo erat in exercitu, quæ seruitio
Pro uetere premitur gloria? Talia aliquis
Iactabit: atqui infanda tunc me calamitas
Præcipitem eò dabit, tibiq́; hæc & tuo

Audi

Auditu erunt acerba generi, & turpia.

　　Sed iam tuum reuerere patrem, quem graui
Preſſum reliquiſti ſenecta:annis matrem
Reuerere multis degrauatam, quæ Deos
Supplex precatur ſæpe, ut incolumis domum,
Saluusq; redeas:miſerearis filij
O rex tui, qui deſtitutus nunc miſer
Eductione ætatis infirmæ, & patre
Te orbatus, ab puerile ſub tutoribus,
Et non amicis, tempus exiget. Vide
Quantum mihi pueroq; ſi mortem oppetas
Cumules aceruum calamitatum. Nec mihi,
Te præter, eſt quiſquam auxilia cuius petam.
Tu patrias populatus es ferro domos
Et morte matrem, at Parca tranſtulit patrem
Sedes ad inferas. quis, oro te, mihi
Pro te patria erit? quæ've opes meæ? ſalus
In te mea Aiax tota ſolum repoſita eſt.
Noſtri retineas memoriam: ſiquidem decet
Meminiſſe ſi quid ſuaue contigit tibi.
Nam gratiam generare ſueuit gratia.
Animi nec eſt cenſendus ille nobilis,
Cui effluit beneficij unquam memoria.
　CHO. Sic te moueri, Aiax, uelim ut moneor ego:
Vxoris hercle uerba laudares tuæ.
　AIAX. Laudem profectò à me aſſequetur: ſi modò

Quæcunque iuſſero expedire illa audeat.

TEG. *Chariſsime Aiax morem ubique geſſero.*

AIAX. *Huc nunc, ut aſpiciam, mihi adduce puerum.*

TEG. *Atqui metu perculſa eum emiſi domo.*

AI. *Meam'ne propter calamitatem? aut quidnă ais?*

TEG. *Ne ſi alicubi tibi obuius fieret miſer*
Moreretur.

AIAX. *Haud alienum id à meis malis.*

TEG. *Vt hoc cauerem ſedulo à me data opera eſt.*

AIAX. *Factum probo, atque prouidentiam tuam.*

TEG. *Quo modo igitur gratum tibi facere queo?*

AIAX. *Coràm uidere fas mihi ſit, & alloqui.*

TEG. *Apud miniſtros hîc prope in cuſtodia eſt.*

AIAX. *Quid obſtat igitur, quo minus mihi copia eſt?*

TEG. *Fili, pater te appellat: huc adducito*
Miniſter ocyus manu qui eum regis.

AIAX. *Venit'ne iam uocatus, an non audijt?*

TEG. *Quin à miniſtro adductus in propinquo adeſt.*

AIAX. *Attolle puerum, attolle, nec enim contuens*
Cædem recentem hanc expaueſcet, ſi modò
Ille patrijs imbutus eſt uirtutibus.
Sed aſperis mox legibus generoſi equi
Ceu pullus edomandus eſt, ut indole
Fiat parenti ſimilis. O puer patre
Euade fortunatior, ſed cæteris
Fac rebus ut reſpondeas: ſic non malus

Fies

Fies.Beatum nate sed te prædico
Quòd nil malorum,quæ fero,nunc sentias.
Nam uita iucundissima est quæ nil mali
Intelligit.desipere non dolens malum est,
Gaudere donec & dolere didiceris.
Sed huc ubi perueneris,tum te decet
Quo sis parente genitus ostendere palàm.
Confertoq; inter hostium agmina specimen
Edere aliquod egregium.Interim uerò leui
Nutrire spiritu,atque puerilem foue
Vitam,matriq; huic tuæ sis gaudio.
Nec quisquam Achiuorum probrosa,sat scio,
Te contumelia notabit,ne quidem
Absente me,talem relinquam ego tibi
Teucrumq; custodem additurus sum,tui
Qui sedulo curam geret,rectissimè
Vt educêre,etsi procul nunc hinc abest
Hostilibus prædas agens è finibus.

   At istud à uobis beneficij peto,
O milites,nauticaq; turba,isthæc mea
Mandata Teucro nunciate,uti puerum
Ad patrios ducens lareis,illum offerat
Patriq; Telamoni,& etiam Eribœæ matri,
Vt dulce sit lenimen illis,& grauis
Solamen æui,donec inferos dei
Sinus subierint.Nec uolo ullum de meis

Vt quiſquam Agonarcha inſtituat armis apud
Exercitus certamen Argiuos, neque
Contendat id peſtis mea facere. Sed puer
Tu ſume tibi, cuius refers nomen quoque
Euryſaces, ac per loca conſutum mouens
Septemplicem inſuperabilemq́ tene clypeum.
Mandentur arma reliqua mecum ſimul humi.
Sed quàm citiſſimè accipe puerum, & domum
Deducito, nec eiulatus nauticis
Hîc excita in tentorijs. citò mulier
Luctu atq; miſericordia afficitur. fores
Celeriter offirma. haud profectò eſſe medici
Sapientis arbitror, ubi ſectionibus
Morbus eget, incantationibus utier.
CHOR. *Malè metuo, ne promptitudo aliquid mali*
Portendat iſta. ac ominoſum eſt hoc quoque
Quod lingua ſic acuminata ſit tua.
T E. *Quidnā premis animo, precor here, aut quid noui*
Moliris?
AIAX. *Ingens eſt decus modeſtia.*
Ne indica, ne exquire curioſius.
T EG. *Hei ut crucior animi: at per unicum tuum*
Natum, Deosq́; ſupplico tibi cœlites
Ne nos tuumq́; perditum hîc eas genus.
AIAX. *Obtundis: an neſcis nihil debere me*
Dijs amplius præſtare? non ſum debitor.

T E G.

TEG. *Loquere piè*

AIAX. *Dic ista tu audientibus.*

TEG. *Nunquid geres morem?*

AIAX. *Nimis multa loqueris.*

TEG. *O rex metuo.*

AIAX. *Nunquid aliquò hanc concluditis?*

TEG. *Per ego Deos te obtestor ut sis lenior.*

AIAX. *Stultè uideris mihi sapere, quæ nunc meum*
Lenire te animum posse frustra cogitas.

CHORVS.
Iamb. Anapæst.

O Clara Salamis tu quidem
Beata in æquore resides
Semper apud omneis inclyta:
Multi at solis iam elapsi sunt,
Cùm miser hîc ago dudum,
Idæis in pascuis
Fertilibus maneo
Ingloriusq; uersor,
Longi tritus temporis annis:
Prætereaq; timore
Cruciatus assiduo
Ne cogar obscurum migrare ad Orcum,
Et unde patet reditus nemini.
Ad hæc mala accedit quoque
Immedicabilis Aiax, hei mihi,

d 2   *Diui*

Diuina oppreſſus ueſania.
Quem prius,ô Salamis,uictorem
Sæuis emiſiſti in prælijs.
At nunc ſui impos ſolitarius
Vagatur,& amicos ſuos
Luctu conficit acri.
Verùm priora facta
Claraq́; uirtutis monimenta
Ingrata apud ingratos
Iacent Atridas.

    Quando tu iam multo confecta æuo
Canoq́; obſita ſenio
Illum mater deſipientem
Miſerrima audies:
Ah quàm miſerabiliter
Non in modum querulæ
Luſciniæ prólabis:
Sed manifeſtos occines
Miſera eiulatus:feries
Pallida anilibus
Pectora palmis.unguibus albos
Diſcindes inimica capillos.
Eſt ſatius atris Ditis operiri umbris,
Quàm peſtifero ac immedicabili
Morbo agitari.
Aiax Graia cretus origine

Non consuetis agitur motibus
Nec compos est animi.
O infelix genitor
Qualem audies, quamq́; miseram
De filio tuo calamitatem?
Talem nemo unquam, hunc præter,
Aeacidarum sustinuit.

AIAX. Immensus ordo temporum omnia quæ latent
Obscura profert, & palàm facta occulit:
Nec quippiam est quod non putes posse fieri.
Prerduntur omnia iureiurando quoque
Sancita, & obstinata pectora. ac ego
Præfracta qui induraueram olim pectora,
Ceu ferrum aquis quod tingitur stridentibus,
Nunc percitus mulieris huius lacrymis
Sum mollius loqui coactus. Nam dolet
Misertq́; uiduam hosteis apud iniquißimos
Illam, atque puerum hunc orphanum relinquere.
Verùm ad lauacra finitimaq́; littori
Me prata confero, cædem ut insanam gregis,
Qua sum coinquinatus, expiem, & grauem
Iram effugere Deæ queam implacabilis:
Ac ambulabo donec inueniam alibi
Nullis locum uestigijs contritum, ubi
Huncce gladium armorum omnium inimicißimum
Terra sub effossa recondam, conspici

Ne poſsit,at Nox & Herebus Stygijs eum
Cuſtodiant regionibus.Nam ex quo quidem
Tempore ego munus ab Hectore infeſtiſsimo
Hoc manibus accepi meis,nil inclytum,
Nil glorioſum nactus ab Achæis fui.
Sed uulgò uerum eſt quod ferunt prouerbium,
Ab hoſtibus quæcunque dantur munera,
Non munera,ſed inauſpicata eſſe & mala.
　　At nos Deis poſthac ſciemus obſequi,
Honorem Atridis debitum exhibebimus.
Sunt principes,cedendum erit.cur non enim?
Nam quæque uel ualidiſsima aut firmiſsima
Subiecta ſunt honoribus.niuoſa ſic
Aeſtate hyems dat fertili locum.dies
Cùm uecta lucem candidis adfert equis
Noctis locum dat nigricantis circulus.
Pontum procellis turgidum,& procacibus
Auſtris furentem mitiores aurulæ
Conſopiunt.ſic & quies ualidiſsima
Nunc occupat,nunc membra rurſus deſerit.
Quin eſſe nos modeſtiores diſcimus?
　　At nunc ſcio quòd hoſtis ego cùm dicerer,
Huc uſque eram grauandus odio maximè,
Amicus ut qui rurſus eſſe candidus
Poſſem.colendas etenim amicitias reor
Sic,ut perennes cogitemus non fore.

　　　　　　　　　　　　　　　　Nam

Nam plurimis mortalium tutus parum
Portus fuit amicitiæ,& insida statio.

   Sed hæc quidem bene sese habebunt.tuq́; abi
Intrò,Deosq́;comprecare,mulier,sedulo,
Vt quæ statui apud me,uelint rata facere.
Et uos,amici,eadem quoque orate:ac,ubi
Aduenerit,Teucro indicate quæ modò
Mandaui:ut ill seneuolè nostri gerat.
Curam.interim autem ego,quò mihi est eundum eo.
Vos quæ imperaui facite.nam uidebitis
Mox liberatum his omnibus sortasse me
Hoc tempore quibus urgeor doloribus.

CHORVS.

Iamb.   Anapæst.   Troch.

Ommouit eum amor.ast ego præ gaudio
Exulto.Iω,Iω,Pan Pan.
O Pan marine Pan ades
A niuibus consperso montis
Cyllenij cacumine.
O rex ducere Diuûm
Docte choreas.
Taleis immittas mihi
Te quæsa choros,qualeis Nysij;
Gnosijq́; ducunt.
Spontaneos.
Impetus nunc fert choros celebrare.

Qui super Icarij ambulas
Aequora pelagi Delie Apollo
Huc nostris dexter ades uotis,
Et beneuolus per omnia.
Tristeis etenim abstersit ab oculis
Mars uiolentus sollicitudines.

Iω,
Ter quater Iω.
Iuppiter ô supreme
Candidis adest dies
Vecta iugalibus.
Qua fas est celeres accedere
Graiugenûm rateis.
Quandoquidem luctificis Aiax
Obliuioni traditis laboribus
Sanctarumq́; obseruans legum
Rursus Deos omni
Colit genere pietatis.
Omnia spatiosi mora temporis
Accendit simul & consumit.
Nihilq́; inexpectatum homini
Debet euenire.
Quando sic præter spem & expectationem
Ad pristinam mentem redijt Aiax,
Ac ingentia post certamina
Animum erga Atridas mutauit.

NVNT.

NVNT. *Homines amici primùm id ego fero nuntij,*
Teucer recens è Myſijs adeſt iugis,
Perq; medium dum fert gradus exercitum,
Conuicijs à toto Achæorum agmine
Excipitur,& mox progredientem longius,
Vt omnibus fuit agnitus,ſtatim undiq;
Cinxêre,atrocibusq; lacerarunt probris
Hinc inde petulanter.fratrem illum quilibet
Iactabat eſſe proditoris peſſimi
Exercitus.neq; procul id ſanè abfuit
Quin lapidibus laniatus occubuiſſet.ac
Res tandem eò deuenit,ut toto undiq;
Stricti micarent agmine gladij.attamen,
Ad ſummum ubi incruduerat,eſt contentio
Senilibus ſedata mox ſermonibus.

At dic ubi eſt Aiax?ut iſta illi quoq;
Nunc nuntiem:nam ſic neceſſe eſt integra
Vt res heris recenſeatur ordine.
CHO. *Non intus eſt,ſed exijt foras,nouis*
Noua conſilia meditatus antè moribus.
NVN. *Hei, hei, hei,*
Tarde'ne miſit Teucer huc me:an uerò ego
Quàm par fuit,confeci iter modo tardius?
CHO. *Quid commodi propterea,precor,intercidit?*
NVN. *Mandauit id Teucer ut homo arctè in ædibus*
Seruetur,egredi neq; ſinatur foras

d 5   VJq

Vsquam loci, nisi ipse prius aduenerit.
CHO. Sed abijt ad mentem reuersus utilem,
Ac ut Deorum iram expiaret coelitum.
NVN. Hæc uerba sanè plena sunt dementia,
Si uera Calchas uaticinia protulit.
CHOR. Quid id est? quid hac de re ille nouit, te cedo?
NVN. Id quidem ego noui, ac astiti præsens quoq;
Ex concione principum secesserat
Calchas relictis augur Atridis. dein
Teucrum prehendens dextera percomiter,
Vt diligenter hoc potissimum die
Seruetur Aiax omnibus iubet modis,
Tentorijs ne quò recedat longius,
Vita fruentem si modò post hac cum
Videre concupiscitis. nanq; hoc die
Ira Minerua affligitur Dea graui.
Summa ac uiri quicunq; sunt potentia
Simulq; magna præditi immodestia,
In calamitates sæpe duras incidunt
Diuinitus. Sic inquit Augur, legibus
Qui sunt sati mortalibus, nec ut hominum
Natura, mensq; poscit infirmia, sapiunt.
Aiax lareis sed cùm relinqueret suos
Dementis in morem bene monenti patri
Responderat. sic ille: Fili bellica
Virtute fac uincas, deo sed præside.

At ui

At arroganter hæc parenti rettulit
Atq; ſtolidè:adiuuante,mi pater,Deo
Victoria potitur ignauiſsimus.
At deſtitutus etiam ope illorum,ſcio
Belliq; me confido adepturum decus.
Hæc gloriosè uerba iactabat:dein
Erga Mineruam,cùm iuberet hoſtium
Inferret ut manus cruentas agmini,
Dictu nefanda protulit:Regina,ait,
Fer cæteris Graijs opem,non hoſtium
Hæc quiſpiam perrumpet in tentoria.
Huiuſmodi uerbis Deæ implacabilis
In ſe furorem cocitauit,non ut hominem
Bonum decebat,ipſe de ſe ſentiens.
Verùm,ô uiri,hac ſi luce uixerit,Deo
Fauente ſaluus,ut monet Vates,erit.
At Teucer hæc ubi audijt,ſtatim tibi
Mandata ut iſta nuntiem miſit,ut eum
Cuſtodiatis.fortè ſi hinc euaſerit
Perijt uir ille,ſi modò Calchas ſapit.
CHOR. O ſortis infauſtæ miſera Tegmeſſa,ades,
Vide quid adferat tibi iſte nuntij.
Perière gaudia,atq; calamitas atrox
Articulo in ipſo perdit & nos obruit.
TEG. Quid me diutinis defatigatam malis,
Ac iam quieſcentem excitatus ſedibus?

CHOR. Audi hunc uirum quid adferat tibi nuntij
De Aiace, quod dolore me miserum afficit.

T. Hei mihi, quid est quod ais mi hō? an'ne perijmus?

NVN. Res sanè ego nescio tuas. de Aiace, si
Egressus est modò foras, spes concidit.

TEG. Egressus ille est, quod doleo. Sed quidnam ais?

NVN. Tentorijs illum iubet naualibus
Teucer, domiq́; manere, nec solum egredi.

TEG. Teucer ubi nā est? aut quare id, obsecro, iubet?

NVN. Mox præsto aderit, atq́; miserè quoq́; metuit
Vt ne sit exitialis Aiaci exitus.

T. Hei ter mihi miseræ: ex quo hominū id edoctus est?

NVN. Ex Thestoride Calchante didicit hunc diem
Aut uitam ei aut adferre manifestam necem.

TEG. Vrgenti huic necessitati ferte opem
Simul ô amici, & uestrum alij abite ocyus,
Properate, Teucrum accersite: ast alij ad iuga
Occidua montium: alij ad orientalia
Inauspicatum inquirite exitum. Ah ego
Miserè me ab illo sentio falsam, & malè
Vetere excidisse gratia. hei mihi, quid agam?
Haud confidendum est fili, ego rapidos feram
Quocunq́; gressus potero. Eamus, puluere
Tardo fatigemur. sedendi haud est locus,
Seruare si uirum uelimus strennuum
Qui nunc atras inferre sibi properat manus.

CHO.

CHO. *Paratus ire sum.nec ostendam id modò*
Verbis,celeritas consequetur pedum etiam.

AIAX solus.

MActator isthoc constitit solo meus:
Ac,si cui considerare id otium est,
Qua parte maximè acuta prominet acies.
Domum quidem Hectoris omnium infestißimi,
Cuiusq́; mihi conspectus odiosißimus
Semper fuit,et acie recens penetrabili
Acuminata hostilibus stat Troadis
Defixus agris:ac ego defixi eum
Probè expeditum undiq;,paratumq́; ut citam
Inferre huic uiro necem queat.itaq;
Instruximus sic optimè quidem omnia.
Iam tantum id est reliquum mihi.tu ô Iuppiter
Primus,id enim par est,iuua me.postulo
Haud usqueadeo magnum beneficium ut assequar:
Ad Teucrum aliquis ut eat facito,qui nuntiet
Famam hanc acerbam:ut ille me asportet sua
Primus manu collapsum in ensem rosido
Tinctum cruore:ne ab hostium forsan aliquo
Si conspicer,proijciar auido uulturi,
Lanienaq́; canibus:ista uoti,ô Iuppiter,
Summa est mei,simulq́; subterraneum
Imploro maniumq́; Mercurium ducem,
Vt ubi latus mucrone perrupero meum,

Saltuq́;

Saltuq́; celeri & absq́; cruciatu auehat
Ac sopiat suauiter. Et inuoco etiam
Illas perennes uindices ac uirgines,
Quæ semper intuentur oculis miserias
Mortalium graueis:celeripedes Deas,
Erinnyas,quàm me fera afficiant nece
Atridæ ut aspiciant,& illos peßimos
Horrente corripiant ad exitium manu.
Ac ut uident me cadere dextera mea,
Charißimorum sic quoq; illi concidant
Icti manu.Ite,ite,properate uindices
Erinnyes,gustate,nulli parcite,
Concutite,conficite uniuersum exercitum.

   At tu per altum qui regis currum æthera
Aurate Sol,patriam ubi conspicies meam,
Paulisper aureas habenas reprime,
Et calamitates & necem denuncia
Meam seniq́; patri,& miserrimæ matri.
Quæ simul ut auribus necem miserabilem
Excipiet,eiulatibus totam statim
Replebit urbem. Atqui quid hæc frustra attinet
Deflere?rem celeriter aggredi decet.

   O mors ades,me respice ô mors.iam simul
Etiam Deos uersabimur apud inferos.
Teq́; adeo lux huius diei fulgida,
Ac te quoq; auriga alloquor Sol lucide

Postremùm hodie, & haud amplius, clarum ô iubar,
Telluris ô patriæ sacrum Salamis solum,
O patrij lareis, Athenæq; inclytæ,
Cognata turba:ô flumina, atq; lympidi
Fonteis, Phrygiaq; prata uos nunc alloquor.
Valete alumni:iam ultimos, Aiax sonos
Profatur, apud orcum reliqua cum umbris loquar.

Iamb. Anap. Troch.

SEMICHORVS. *Labore fert labor laborem*
Quò? quò?
Quónam? quò ego me gentium non contuli?
Nec quispiam docere me locus potest.
At nescio quis strepitus auribus
Insonuit meis.
Hem uideor mihi
Audire socios nauticos.
ALTERA PARS CHORI. *Quid? quid igitur?*
SEMICH. *Pars occidua mihi tota castrorum fuit*
Peragrata.
ALT. PARS. *Habes igitur?*
SEMICH. *Multum laboris habeo præterea nihil.*
ALT. PARS. *At nec mihi quà patet ad ortũ semita*
Vsquam uir ille apparuit.
Quis igitur, quisnam mihi Deorum
Ex laboriosis
Aequoris numinibus

Sedibus degens sopori ignotis,
Aut Deis ex superis,
Aut perenniter fluentibus
Ad Threicij littora Bosphori
Id nouit fluminibus?
Ac sæui animi errabundumq́;,
Sicubi forsan uiderit Aiacem
Indicabit?
Nam miserrimum id puto, postquam labore
Hàc illac tam longo circùm
Cursauerim, secundo eum
Ac prospero non assecutum me pede.
Sed ne quidem hominem euanidum
Potuisse iam usquam conspicari gentium?
TEG. Hei mihi ter miseræ.
CH. Quæ è nemore uox ad usq; castra resonuit.
TEG. Heu sortis infaustæ me.
CHOR. Miserrimam uideo, captamq́; nuptã prælio
Tegmessan, anxiamq́; eam luctu fero.
TEG. Actum est, amici, ego perij, lapsa omnia.
CHOR. Quid id est?
TEG. Aiax recens iugulatus oppetijt necem,
Mucroneq́; miser abdito indutus iacet.
CHO. Hei meos inauspicatos reditus.
Hei mihi tuos trucidasti
Classicos rex socios.

O calamitofa, & ô ter mifera fœmina.

TEG. *Res ipfa luctus & dolorem poftulat.*

CHO. *At cuius ille concidit mifer manu?*

TEG. *Ipfum fua, certum eft: humi infixum fatis*
In quod fuit prolapfus id ferrum arguit.

CHO. *Heu noxiam meam.*

Eheu uirum præftantem,
Àn quantus quàm miferè nullis
Septus amicis hîc perijsti.
Et ego iam ftolidiſsimus
Omnium expertiſsimusq́; rerum
Nullam tuæ geſsi falutis curam.ubi
Dic,ubinam iacet ille immobilis
Ille inaufpicati
Nominis Aiax?

TEG. *Non contuendus eft,fed illius undiq;*
Circumuolutis membra ueftibus tegam:
Nullus enim amicorum afpicere fuftinuerit
Graué naribus fpirantem,atrumq́; uulnere
Efflantem ab exitiali,& ictu fanguinem.
Hei mihi,quid aggrediar?quis afportabit hinc,
Aiax te amicorum?ah ubi eft nunc Teucer?ut
Veniret huc in tempore,ut lapfum fratrem
Componeret.Miferrime Aiax omnium
Cùm tantus olim fueris,hîc qualis iaces?
Quin hoftibus etiam excutere lacrymas queas.

e   CHO.

CHO. An satis te miserum
Esse declarabas.
An satis præ te ferebas
Pertinacia tua
Tam diuturna, te aliquid
Machinari infandum,
Atq; struere ex quo sequutura esset
Immensaq; infinitaq; laborum
Series:talia per totos dies,
Talia per nocteis quoq; integras
Pectore ducebas suspiria sæuo.
Talia in Atridas quoq;
Hostiliaq; adeo fero
Cum impetu iactabas.
Illa fatum duxit hora,
Pessimaq; tum cœpit malorum hyems,
Cùm generosa fuit proposita
De rutilis armis contentio.
TEG. Hei mihi, mihi.
CHO. Generosum ad epar uulnus intrat intimum.
TEG. Hei mihi, mihi.
CHO. Haud miror equidem luctibus te confici,
Postquam es mulier orba adeo præstantis uiri.
TEG. Tibi quidem hæc uidentur, at ego sentio.
CH. Fateor id.
TEG. Heu nate mi, in quæ seruitutis recidimus

Iuga?

Iuga? ah quibus seruitum heris abibimus?

CH. *Hei mihi suos*

Geminos innuis

Infandum uestro in cruciatu

Atridarum facinus.

Verùm Deus isthæc auertat.

TEG. *Hæc sic quidem se habent ut ipse iam uides,*

Diuùm sed absq; haud contigere numine.

CHOR. *Acerbiores, quàm decet, pœnas dedit.*

TEG. *At hanc Vlyssi grata perficere uolens*

Seuit Ioue sata noxiam Pallas grauis.

CH. *Profecto atroci uariè*

Exercitatus Vlysses

Animo lacessit, atq; correptum

Acri furore ridet Aiacem.

Heu heu, simulq; cum illo

Gemini cachinnos excitant Atrides.

TEGM. *Quantum uolent Aiacis insultent malis,*

Et gaudeant: uita fruentem si minus

Desiderauerunt, dolebunt mortuum,

Cum fortè belli hoc exiget necessitas.

Sic mente capti cùm bonum manibus tenent,

Non sentiunt priusquam aliquis excusserit.

Mors illius longè accidit mihi acerbior,

Quàm posset illis esse grata. Ipsi quidem

Optata fuit Aiaci: id assequutus est

Quod expetiuit.morte ſuccubuit ea
Qua maximè uoluit.Quid igitur illi habent
Cur rideant tantopere eum,qui mortuus
Dijs concidit uolentibus,non dextera
Illorum?Vlyſſes, ſi lubeat,atrocibus
Graſſetur in uita ſolutum iniurijs.
Illis enim amplius eſt nihil.euanuit
Aiax:at infando dolore mihi miſerae
Luctuq́ rellicto feram oppetijt necem.

TEVCER. Hei mihi.

CHO. Sis tacita, uocem audire Teucri ſum modò
Mihi uiſus,iſti calamitati conſonam.

TEV. Chariſsime Aiax dulce fratris ô caput,
Actum'ne ſic tecum eſt,uti ferunt publicè?

CH. O Teucer id ſcias, uir iſte eſt mortuus.

TEV. Eheu grauem narras acerbumq́ admodum
In miſeriam caſum meam.

CH. Ita cum eſt acta res.

TEV. O me ter infelicem,⁊ amplius etiam.

CH. Materia parta luctui eſt.

TEV. O graue malum,
Subitumq́.

CH. Nimium ô Teucer.

TEV. O triſtiſsimam,
Atq́ miſerandam calamitatem.At ubi eſt puer?
Quis Troadis locus ſoli illum nunc tenet?

CH. *Est solus in tentoriis.*

TEV. *Ocyssimè*
Propera, huc eum deduce, ne quis hostium
Ceu mortuæ catulum leænæ atrociter
Abripiat. I, per pulueres celerem moue
Velox gradum. Pro more enim hoc omneis habent
Ludibriis uexare, contumeliis
Agitare lapsos, atq; cassos lumine.

CH. *Viuus etiam dum Teucer ut pueri istius,*
Sicut facis, curam geras ille petiit.

TEV. *O omnium quod ego oculis conspexerim*
Spectaculum tristissimum: ô uia omnium
Quam nunc ego sum emensus inuisissima
Animoq; tædiosa maximè meo.
Charissime Aiax posteaquam certior
De morte sum factus tua, accinctus statim
Itineri omnibus institi uestigiis.
Nam fama de te ceu ab aliquo esset numine
Dispersa, uehemens castra per tota sonuit,
Quod dextera necem oppetiuisses tua.
Id uerò ad aureis ut meas percrebuit
Cùm procul abessem, grauia ab imo pectore
Suspiria protraxi. Ast ut oculis contuor
Dolore penè examinor. Hei misero mihi.
Vade, retege, ut quicquid mali est id conspicer.
O tristis aspectus, ferox audacia

Quantas,quàm acerbas comparasti mihi tua
Curas nece Aiax!Natq; quò mihi pedes
Conferre,quas gentes petere erit integrum,
Qui non tuis succurrerim laboribus?
Aút ne tuus,& pariter meus,Telamon pater
Reducem abſq; te demum benigno atq; placido
Excipiet ore ſfaciet id,quid niſcui
Vel proſperis in rebus haud unquam fuit
Ridere uolupe,hìc quid ſilentio premet?
Aut quid mali in me,quid probri non congeret?
Me matre bella ſpurium capta ſatum
Ignauia nimiáq; prodidiſſe te
Formidine,ô chariſſime Aiax,aut dolo,
Vt mortuo te tandem opes tuas ego
Domosq; ſolus obtinerem.Talia
In iurgia animum ſuſcitans,& percitus
Ira graui,ſenioq; moroſus ſcio
In innocentem effundet,ac è patrijs
Exul focis extrudar:ingenuusq; cùm
Sim,ſeruus ob atrocia patris conuicia
Habebor:atq; ſic quidem mecum domi
Agetur.aſt ad Ilium pauci mihi
Superant amici, hoſteiſq; multi.hæc omnia
Moriente te ſum conſequutus.hei mihi.
Quid agam igitur?quî te à fera gladij extraham
Criſpantis acieʔ.heu miſer quàm flebili

Maclat

Maclatus occisore perijsti!idq́; te
Fore haud latuit,ut Hector etiam mortuus
Te conficeret.Animum ad duorum aduortite,
Quæso,uirorum fata per superos Deos.
Hector quidem illo ipso quem ab hoc pro munere
Aceperat lacer ligatus balteo
Raptatus est equis quadrigisq́; in citis
Continuò cum exhalaret animam.ita hic quoq;
Dono illius potitus,illo ense cecidit
Sæuo peremptus uulnere.an'ne Erinnyes
Hunc fabrefecere gladium,atq; balteum
Pluto ferus opifex?Ego hæc et omnia
Deos in homines machinari existimo.
Si cui minus probetur ista opinio,
Per me licet sumat aliam:hæc mihi placet.
C H O. Ne rem diutius protrahas,sed id operam
Da,ut humi uirum hunc mandes.simulq́; cogita
Quid subitò sis dicturus:etenim conspicor
Hostem procul,qui fortè ridet hæc mala:
Taliaq́; dicet,quæ loquatur improbus.
T E V. Quemnam uirum ex castris uenire conspicis?
C H. Menelaon ipsum,cuius.hîc gratia agimus.
Vastumq́; Pandis secuimus ratibus mare.
T E V. Video,facile enim cum propè adsit noscitur.
M E N E L A V S. Heus te uoco,te,ne uc cópouas manu
Cadauer inhibeo:sed iacere sic sinas.

e 4   TEV.

TEV. *Qua gratia edictum adeo proponis ferum?*

MEN. *Sic est mihi uisum,ac ei quoq; quem penes*
Summum Pelasgi resdet imperium agminis.

TEV. *Dicésne quonam iure fieri id imperes?*

MEN. *Quod cum sociũ & amicum Achiuis à domo*
Duxisse nos existimauerimus,eum
Vel Phrygibus hostem atrociorem inuenimus.
Qui toti Achiuorum agmini sæuam necem
Molitus,in nos,ut interimeret,irruit
Noctu:& nisi propitius aliquis hos Deus
Fregisset impetus:eadem,quæ illius
Nunc in caput sors recidit,extincti nece
Turpissima passim iaceremus,sed hic
Luce ætheris frueretur.At uiolentiam
Deus hanc remouit,atq; uertit in greges.
Atq; ideo,quantumuis potenti,nemini
Fas fuerit ut cadauer hoc humo tegat.
Sed in uirentem abiectum arenam littoris,
Illic aueis pascat marinas.Ac ob hæc
Nihil est quod indigneris,aut ferocias:
Si uiuum enim non potuimus compescere,
Omnino mortuo imperabimus,etiam
Nolente te:manuumq; ui prohibebimus
Ne sepeliatur.nam unus hic dum uiueret
Semper meis parere iussis rennuit.
Peruersi hominis est,nolle cùm sit subditus

Parêre

Parère iuſsis Principum:nec legibus
Florebit unquam,ſi metus deeſt,ciuitas:
Nec bene regetur ullus unquam exercitus,
Niſi ſit pudore,ueluti uallis,et metu
Munitus.Atqui cogitare quemlibet
Hoc conuenit,licet antecellat uiribus,
Leui repente cadere poſse ſe malo.
Cuicunque cum pudore ſimul adeſt metus,
Huius ſaluti ſcito conſultum probè.
Iniuriæ aſt ubicunque atroceis præualent,
Et cuiq; quod libet,licet:ſic iudica
Vrbem breui illam rebus è proſperrimis
Ruituram in imum,ac perditiſsimum ſtatum.
Metus itaque aliquis ſanciatur utilis,
Nec grata poſtquam quæ fuere egerimus,
Exiſtimemus non uiciſsim triſtia
Nos eſse paſſuros.adeò ſunt mutua hæc.
Ante hic fuerat et contumax et feruidus:
At nunc uiciſsim ego ſuperbè me effero,
Ac tibi ueto ne hunc ſepelias.ne dum ſtudes
Alij ſepulcrum fodere,foueæ ipſe incidas.
C H O. Menelaë,ſpecioſis caue ſententijs
Sapientibusq;,ne tuas dum res legis,
In mortuos uidearis eſse iniurius.
T E V. Nunquam ô uiri mirabor amplius uirum,
Ignobili ſi ſtirpe prognatus aliquid

e 5   Agat

Agat impiè:cùm qui uidentur sanguine
Claro sati,stultis adeò sermonibus
Peccant.Age usque ab initio nunc omnia
Repetamus.An non te hunc ais uti fœdere
Iunctum,atque socialı huc Achiuis additum
Duxisse iure?an non suis ipse dominus
Sigæa petijt littora ratibus?cedò
Dux illius ubi tu fuisti?unde hanc tibi
Illius hominibus,patrio quos huc solo
Duxit potestatem imperandi uendicas?
Spartæ dominus,haud noster ades.ut eum tuis
Frænis domares,non tibi maior fuit
Vnquam potestas,quàm te ut ille reprimeret.
Subiectus alijs appulisti,haud omnium
Sanè Imperator,sic ut Aiax subditus
Potentiæ foret tuæ.ast in quos habes
Imperium,eis fac imperes:huiusmodi
Dictis seueris increpa illos.at hunc
Seu tu prohibeas,siue dux quispiam alius
Non os reueritus hoc tuum.recondam humo.
Idq; faciam iure.haud enim ille coniugem
Hîc militauit ob tuam,ueluti alius
Labore delassatus,aut gregarius
Miles aliquis:sed iureiurando cùm erat
Obstrictus,haud uenit tua,hercle,gratia.
Supplex enim nulli fuit.ad hæc plurimos

Secum ille præcones domo abduxit sua,
Ducesq; proprios. Sed ob strepitus tuos,
Minasq; uanas, dexteram non uerterim,
Sis talis etiam qualis esse postulas.

M E N. Talem in malis non admodum linguam probo.

T E V. Nam dura nimium, quamlibet ea iusta sint,
Mordent tamen, & urunt malè.

M E N. Haud parum sibi
Profectò iaculator uidetur hic sapere.

T E V. Non sordidæ unquam artis ego opificia didici.

M E N. Si scuta ferres quos proflares spiritus!

T E V. Veles etiam, suffecero armato tibi.

M E N. Animum ferocem te alere, lingua tua arguit.

T E V. Cùm causa iusta est sic ferocire licitum est.

M E N. Iustum'ne censes qui peremit me, bene
Adhuc cùm eo agier?

T E V. Qui peremit? hem refers
Profectò perquàm mira, si uiuus etiam
Sis mortuus.

M E N. Sed me Deus tutatus est:
Quod ad hunc perieram funditus.

T E V. Ne igitur Deos,
Seruatus ope Deûm, probro contamines.

M E N. Ego'ne Deorum iura sacrata uiolem?

T E V. Si quidem sepulcro contegi mortuum inhibes.

M E N. Hostem suum netare, quàm id factum malè?

TEV.

TEV. *An hostis ullo tempore Aiax tibi fuit?*

MEN. *Osorem is oderat ipse non es nescius.*

TEV. *Cum contra eum tuleris iniquos calculos.*

MEN. *Quid? iudicum, non culpa id est factum mea.*

TEV. *Hoc clàm modo quoque multa furari queas.*

MEN. *Hic posset irritare sermo quemlibet.*

TEV. *Pòst his acerbiora multò à me audies.*

MEN. *Vnum hoc tibi dico, haud uolo hunc sepelirier.*

TEV. *Id rursus audi: sepeliam, & quidem cito.*

MEN. *Vidi uirum lingua feroci præditum,*
Qui nauitas, ut imminente turbine
Carbasa furentibus notis expanderent,
Cogebat. at celeri deprensus turbine
Maloq́; pressus, ne quidem mutire erat
Ausus: sed obuolutus illic stragulis
Latitabat, atque à nauitarum quolibet
Se conteri pedibus sinebat. Sic quoque
Te pariter ac effrænis oris hanc tui
Petulantiam strepitusq́; inaneis mox leui
Ex nube turbo concitus represserit.

TEV. *At ego hominem dementia plenum mala*
Vidi, graui qui calamitate sodalibus
Petulanter insultabat obrutis. dein
Quidam mei haud dissimilis, ac ira pari
Intuitus illum increpuit istis uocibus:
O, inquit, homo, ne quæso contumelijs

Manes

Manes laceſſas inferos,ſi feceris
Id ne putes impune tibi fore.Sic uirum
Stolidum monebat ille qui præſens erat.
Ac nunc quidem oculis iutueor illum,& (niſi
Opinione fallar)haud quiſpiam alius
Te præter eſt.recte'ne diuinaui ego?
M E N. *Diſcedo:nanque,ſi audiatur,turpe ſit*
Punire uerbis,quem queas ui reprimere.
T E V. *Abi itaq;, nanq; audire mihi turpiſſimum eſt*
Futilem hominem adeò effutientem inania.

CHORVS.
Anapæſtici.

AD magna uidetur certamen
Erupturum iurgia.uerùm
Quantum poteris propera Teucer
Concauam alicubi circunſpicias
Foſſam,ubi clarum ac perpetuum habeat
Martius Aiax iam monumentum.
T E V. *Atqui peropportunè adeſt cum coniuge*
Huiuſce filius uiri,exequias uti
Miſero parent cadaueri.ô puer huc ades,
Et propius aſſiſte,inq; ſupplicis modum
Corpus parentis quo ſatus es attingito.
Flexisq; procumbe genibus manu tenens
Comas meas,huiusq;,& unà etiam tuas.
Theſaurus hic eſt ſupplicantium.At aliquis

Si te

Si te ex Pelasgo exercitu mortalium
Auulserit uiolenter hoc à funere,
Malus malè insepultus dispereat, humo
Eiectus, atque cun genere radicitus
Toto suo extirpetur, hoc quo nunc modo
Hunc præseco cirrum. Tene, serua, ô puer.
Nec te aliquis hinc amoueat: apprendito manu
Genu aduolutus. Sed mulieres ne adeò uos
Accedite propè: sinite consistant uiri
Loco priore. uos iuuate dum paro
Huic sepulcrum, etsi facere nemo id sinat.

CHORVS.

Anapæst. Troch.

QVæ mihi tempora tantarum adferent
Optatum erumnarum finem?
Semper immensos labores
Militiæ horridæ
Atque miserias cumularunt atroces
Squallidos per Elij campos,
Doricisq́; copijs probrosos.
O utinam prius ætheris ardui
Euanidus ille abijsset in auras,
Mersus'ue in atri flumina Ditis,
Quisquis Danais tristium
Communem armorum monstrauit
Vsum. hei alios alij

Progenuere labores.
Exitialis mortalibus ille fuit,
Ille uirentibus humida
Cingere uetuit tempora fertis,
Intercepit calicum dulcem
Efferus ufum,
Concentumq; fuauem tibiæ,
Nocturnæq; quietis
Delicias & amores.
Hei mihi amores prorfus ademit.
Neminem pia noftri
Cura follicitat.
Defolatus iaceo
Humenteis crebro madefactus
Rore capillos
Hæc funt Dardaniæ monimenta
Triftia Troiæ.
Ac antè mihi fuerat
Nocturnos contra metus
Tortasq; fagittas munimen
Martius Aiax.
Ille nunc trifti peremptus
Nece iacet. quidnam mihi, quid
Poterit oblectare pectora
Afsiduis defeffa laboribus?
O utinam illic effem, ubi

Imminet syluosa pelago rupes,
Quam marinæ uerberant undæ
Summi sub montis æquore,
Vbi sacris salutem Athenis
Dicere liceat.

T E V. *Properè citum moui gradum, ut uidi ducem*
Agamemnonem huc greſſus ferentem, neq; mihi
Dubium eſt, maledica proferet conuicia.

A G A. *Iam nunciatũ eſt mihi te atrocia admodum*
Impunè contra nos protuliſſe, heus, tibi
Qui genitus ex serua es: tibi, inquam, ego loquor.
Quòd si parente natus eſſes libera
Quas ederes uoces? ut arrogantia
Sufflatus in summis gradereris unguibus?
Quando nihili homo cùm sis, pro eo iam dimices
Qui eſt prorsus in nihilum redactus. nec duces
Claſſis, nec etiam exercitus ueniſſe nos
Summos Achiuũm, nec tuos iuraueris.
Sed, ut ais, Aiax ipse dux suus appulit.
Hæccine hominem seruum nefandum eſt eloqui?
De quo uiro tandem ita superbis intonas
Clamoribus? quò abijt? ubinam conſtitit,
Vbi non etiam ego? an præter hunc nullos habet
Danaus uiros exercitus? certamina
Armis de Achillæis tibi uisi sumus
Acerbiora inter Pelasgos Principes

Fortè

Fortè statuiſſe. An ubiq; Teucro cœtui
Exiſtimabimur improbi?quando ſemel
Victis lubebit cedere,& tot Iudicum
Sententiæ acquieſcere?an conuicijs
Nos ſemper impetetis,aut latentibus
Pungetis inſidijs doloq;?His moribus
Leges profectò non queant ſtatui bonæ.
Si iure quicunquè ſuperior euaſerit
Extruſerimus,atque ſuperatum habuerimus
Potiore dignitatis ordiñe.at unicè
Id eſt cauendum. Non enim his,qui corporis
Sunt mole uaſta atque ſpacioſis præditi
Humeris,oportet maximè niti uiris:
Verùm magis prudentia qui præualent,
Vbiq; dominantur.ita uaſto corpore
Bos ſemitam in rectam leui compellitur
Flagello.at id etiam tibi eſſe remedium
Cenſeo adhibendum mox,niſi modeſtius
Compoſueris animum ferocem,qui uiro
Non amplius uiuente & umbra euanida
Fretus,procaci uerba nimis atrocia
Profundis ore.an non modeſtius agere
Aliquando diſces?quoq; ſis genere ſatus
Intelliges?alium mihi adduc liberum
Hominẽ,tuã hîc pro te qui agat cauſam. haud enim
Capio ſatis quidnam loquaris,ruſticos

ſ   Nec

Nec barbaræ linguæ fonos intelligo.

c h o. *Vtriq; uestrûm utinam foret mens sanior:*

Nihil hoc queam uobis precari salubrius.

t e v. *Heu quàm celeriter mortui alicuius perit*

Ac effluit beneficium,quando hic tui

Paruam adeò tenet Aiax memoriam.hei hei mihi

Cuius salutem sæpe quò defenderes

Propriæ fuisti prodigus Mauortijs

Vitæ in periculis.Sed omnia irrita hæc

Euanuere.ô quàm stolida nunc,multaq;

Verba es loquutus! Ecquid Agamemnon memor

Es temporis adhuc illius,quo aliquando uos

Hîc septa ualli intra coactos undiq;

Ac iam fugatos prælioq; perditos

Ille eripuerit solus ex periculis?

Quid?quando populabatur iniectus rateis

Ignis,forosq; serperet per nauticos

Flamma rutilans,Hectorq; superatis ferox

Foueis cauatas insilisset in rateis:

Quis ista propulsauit? Aiax an sua id

Non præstitit manu?Quid igitur nunc ais

Cum nemine ausum conserere?is hæc facinora

Tam clara designauit.atque cum Hectore

Rursum ille solo sortibus iactis sua

Sponte est ad arma solus ausus congredi,

Non usus aliqua in sortiendo astutia,

Nec humido in medium ex luto ille calculum
Coniecit:aſt eum foras qui caſſide
Criſtis decora primus exulturus erat.
Hæc ille fecit.ac ego pars quoque fui
Non parua,ſeruus matre natus barbara.
Quid animi erat tibi hæc miſer cùm diceres?
Non cogitabas quis patris fuerit tui
Progenitor:antiquus Pelops & Barbarus
Phryx? Atreum autem,quo genitus es,omnium
Hominum fuiſſe flagitioſum maximè?
Qui proprios dedit epulandos impia
Dape liberos fratri.Ipſe uerò Gnoſia
Genitrice es editus.hanc ſimul cum adultero
Tuus deprendiſſet parens,mox piſcibus
Obiecit illam pabulum.talis ſatus,
Adhuc mihi audes exprobrare meum genus?
Qui ſum quidem parente Telamone genitus,
Cui propter altum fortitudinis decus
Hic præter alios eſt habitus honor,meam
Vt coniugem acciperet matrem,quæ regia
Prognata ſtirpe Laomedontis filia
Fuit,Herculesq́; munus eximium dedit.
Cùm uir igitur præſtans utroque parente ſum
Progenitus optimo:graui mihi ſanguine
Iunctos nota contaminarem,quos iubes
Triſti depreſſos calamitate iam abijci

f 2   Sic

Sic insepultos:nec pudet te hæc dicere.
Verùm id tibi dictum esto,si quò abieceris
Istud cadauer,eò quoque simul coniÿce
Nos treis.honestius id enim ac præclarius
Puto fore,si pro fratre dimicans cadam,
Quàm pro tua,tui ue fratris coniuge.
Proinde non minus quod ad me pertinet
Expende tecum quàm quod ad te cogites.
Nam si quid in me machinaberis mali,
Faxo equidem ut huius te ferociæ malè
Pœnitcat:ac te timidiorem post modo
Frustra uoles fuisse potius quàm ferum,
C H O. O rex Vlysse in tempore ipso huc aduenis,
Si quidem potius ad iurgia dirimenda ades,
Quàm ad excitandum latius id incendium.
V L Y. Quid id est uiri?clamorē enim audiui eminus
Geminorum Atridûm ad strennui istius uiri
Cadauer.
A G A. Indignis sumus conuicÿs
Ab hoc lacessiti homine nunc Vlysse rex.
V L Y. Quibus?ueniã enim illi do,cùm audierit prior,
Si in te uicissim dicta regerat maledica.
T E V. Mala audÿt,sed ille fecit talia.
V L Y. Quid fecit igitur pœnam ut hanc cōmeruerit?
A G A. Hunc insepultum se relicturum negat.
Quin me quoque inuito sepulturum se ait.

                                        V L Y.

VLY. *Fas'ne erit amico uera dicere, & nihil*
Minus tuam retinere amicitiam mihi?
AGA. *Age fare: nec enim mente fana essem, nisi*
Te inter Pelasgos summum amicum ducerem.
VLY. *Audi ergo. Ne hunc uirū insepultū, te precor,*
Funebribus nec absque iustis abijce.
Ac per Deos te quæso, nec uiolentia,
Animiq; sæuus impetus te ita superet,
Vt huius odio concitus crudeliter
Diuûm proculces iura. Quin mihi quoque,
Ex quo sum Achillæis potitus præmijs,
Infensus ut qui maximè fuit: atque me
Exercitu in toto oderat quàm peßimè:
Ac talis erga me licet tum ille fuerit:
Tantum tamen abest, ut probro afficere uelim,
Vt dempto Achille iudicem etiam illum omnium,
Quicunque Dardanias petiuimus domos,
Fortißimum. Si hac itaque contumelia eum
Affeceris, ages impiè: nec adeò eum,
Sed sacra uiolabis decreta numinum.
Neque iustum id est, cùm functus est uita, probum
Lædere hominem, etiamsi oderis eum peßimè.
AGA. *Pro illo'nc contra nos Vlysse dimicas?*
VLY. *Quid ni? oderam illum odiose quando fas erat.*
AGA. *Nunquid etiam insultare par te est mortuo?*
VLY. *Ne gaudeas Agamemnon impio lucro.*

A G A. *Non semper est facile uia facere regibus.*

V L Y. *At bene monenti amico honorem tribuere.*

A G A. *Parêre principi uirum decet probum.*

V L Y. *Quiesce,uinces uictus ab amicis tuis.*

A G A. *Expende,quali beneficia confers uiro.*

V L Y. *Etsi fuerit hostis,suit præstans tamen.*

A G A. *Quid agis?honorem impertis hosti mortuo?*

V L Y. *Virtus apud me pluris est,quàm hostilitas.*

A G A. *Genus hominum id mortalium leuißimũ est.*

V L Y. *Multi profectò sunt amici,& postea*
Gerunt simultates.

A G A. *Amicos tu tibi*
Taleis uelis habere?

V L Y. *Præfractum ego animum*
Durumq; non amo.

A G A. *Timidi te autore nos*
Hodie uidebimur.

V L Y. *Omnibus iustißimi.*

A G A. *Quid? ut cadauer humo tegi sinam iubes?*

V L Y. *Iubeo, atq; eò quidem ipse conferam gradum.*

A G A. *Vt quisq; semper ea suis quæ congruunt*
Studijs facit!

V L Y. *Cui magis quàm me mihi*
Consulere conuenit?

A G A. *Tuum hoc uocabitur*
Opus,haud meum.

VLY. *Si feceris habebere bonus.*

AGA. *Age, id scias, me rebus in maioribus*
Gratum tibi facturum. at iste siue sit
Hîc, siue sit alibi, mihi inimicissimus
Erit. tibi tu quæ placent, fac: liberum est.

CHO. *Quicunq; sapientem te Vlysse non putat,*
Hunc ego profecto mente captum iudico.

VLY. *At uerò nunc Teucro ista, abeo uti nunciem:*
Meq; antè si inimicus fuerim, amicum iam ei
Esse, & simul uelle sepelire mortuum.
Vnà Laberabo: nec ullum deniq;
Quod debet impendi uiris fortissimis
Hoc tempore officij genus neglexero.

TEV. *Vlysse præstantissime, omnibus modis*
Tuam probo sententiam, multumq; spe
Iam sum mea frustratus. etenim cùm tibi
Ille fuerit toto Pelasgorum agmine
Maximè inimicus, solus ex omnibus ei
Opem tulisti, nec lacessere mortuum
Iniurijs uoluisti atrocibus impiè.
Vt ille furijs percitus Dux, cum fratre
Hunc contumelia probrisq; turpibus
Contaminatum ac insepultum statuerant
Abijcere! Quare utinam qui Olympi lucida
Gubernat astra Iuppiter, & Erinnyes
Memores, & ultrix supplicia quæ atrocia

Vindicta deportat,malos perdant malè.

Vt hunc uirum uoluere laceratum probris

Abijcere. At ô proles senis Laërtis haud

Equidem audeo permittere,ut funus tuis

Hoc manibus attrectes,acerbum ne quid huic

Quod mortuo sit,fecero. At alia,si qua sunt,

In his tuam operam naua,& aliquem si uoles

De exercitu alium id facere,non ingratum erit.

Reliqua ego perficiam omnia. Atqui tu quidem

In nos boni es perfunctus officio uiri.

V L Y. Volui equidem.at si facere nos non sit tibi

Gratum,abeo,& approbo tuam sententiam.

Anapæstici.

T E V. Satis est,multum iam est elapsum

Temporis:hîc uestrum alij foueam concauam

Festinate effodere:ast alij tripodem

In flammis sublimem sacris

Aptumq́; lauacris sistite,& unà

Ex castris citò turma uirorum

Ornamenta armorum

Fulgida portet.

At chare puer tu quod uireis ferent,

Genitorem apprendito amantiſsimè,

Mecumq́; una latera hæc alleua.

Atrum adhuc feruidæ in altum

Venæ eructant sanguinem.

¡ Sed

Sed age hîc quifquis amicus huic adeft,
Adiuuet, operam det uiro
Præftanti Aiaci, mortalium
Quò non alius, tunc quidem
Cùm frueretur, dico,
Lumine uitæ, fuerat melior.
CHO. Quàm multa homines edocet ufus!
Nec quifquam eft uates tam præfcius
Qui rerum poffet, nifi uiderit,
Fatidico euentum edere pectore.

FINIS AIACIS.

f 5

ARGVMENTVM

ANTIGONES EX

GRAECO.

ORTVVM Polynicem in fingulari, quo
cũ fratre depugnauerat,certamine, Creon
infepultum abiicit, publicoǵ; edicto cauet,
ne quis fepeliat, mortem uiolatę legis pœnam ftatuens. Hunc foror eius Antigone
fepelire conata clam cuftodibus ʈerra ob-
ruit: quibus mortem minatur Creon, nifi autorem facinoris
producant. Abfterfo itaǵ; puluere, ut antè, excubias agunt.
Reuerfa autem Antigone cum retectum cadauer uideret
eiulatu ipfa fe prodit:ac mox à cuftodibus tradita ʃentétiaǵ;
Creontis condemnata uiua in fpeluncam concluditur. Hæc
cum perquàm doléti ferret animo Aemon, cui ea defponfata
erat, fibi ipfe iuxta uirginem laqueo ftrangulatã manus adfert. Omnia hæc antè cùm Teirefias uaticinatus effet. Vxor
uerò Creontis Eurydice tam trifti cafu commota fe interi-
mit. Ad extremum luget Creon & filii fui & uxoris necem.

ALIVD ARG. ARISTOPHA-

NIS GRAMMATICI.

NTIGONE præter edictum regium fepelire fra
trem deprehenfa, in fubterraneum fpecum con-
clufa à Creonte necatur. qua de re Aemon dolore
& ueheméti quem erga uirginem gerebat amo-
re concitatus, enfe fe transfigit. cuius item morte mater
perculfa fe ipfam occidit. Fabula ab Euripide eadé tractata
eft in Antigone. Sed ibi cum Aemone deprehenfa illi in ma-
trimonium datur, & Mennonem parit.

Fabulæ actio Thebis Boeotiæ cóftituitur. Chorus ex indigenis fenibus conftat. Præfatur Antigone. Finguntur
autem geri hæc regnante Creonte. Præcipua funt fepultura
Polynicis, Antigones fupplicium, & mors Eurydices matris
Aemonis. Aiunt Sophoclem magno fibi parato ex editione
Antigones nomine præfecturam Sami obtinuiffe. Acta fabula eft bis & tricies.

PER

PERSONAE FABVLAE.

ANTIGONE.

ISMENE.

CHORVS *Thebanorum senum.*

CREON.

NVNTIVS.

CVSTOS NVNTIVS.

AEMON.

TEIRESIAS.

ALIVS NVNTIVS.

EVRYDICE.

SERVVS.

SOPHOCLIS
ANTIGONE.

GEORGIO ROTALLERO
INTERPRETE.

ANTIGONE.

 CHARA *præter cæteras mihi*
soror
Ecquid malorū quo Oedipi agi-
tatur domus
Nunc restat amplius, quod in
nostrum caput

Dum uiximus, Iouis ira non effuderit?
Etenim nihil tam triste, nec durum, nihil
Tam turpe, nec probris refertam, quod tuis
Et in meis non conspicata sim malis.
At nunc quid est quod publico præconio
Creonta toti urbi imperasse prædicant?
Nihil'ne inaudisti? tenes'ne? an te latent
Nunc hostium grassantia ad amicos mala?
ISMENE. *Nec lætus ad me sermo, nec perlatus est*
Acerbus, ex quo fratribus nostris sumus
Orbæ duobus, qui die uno mutua

Iacens

Iacent perempti cæde,& Argiua agmina
Hac esse nocte cæsa:nil scio amplius,
In prosperóne res statu sint,an secus.
ANT. Id ego sciebam,teq; ea huc nunc gratia
Accersij extra regiam,ut sola audias.
ISM. Quid id est?uideris enim mihi turbatior,
Et nescio quid animo reuoluere anxio.
ANT. Quid?non sepulcri nunc Creon fratrū alteri
Tribuit honorem,at contumelia alterum
Affecit?Etheoclem quidem degentibus
Apud inferos honore cultum mortuis
Et iuri & æquis obsequutus legibus
Recondidit,ut aiunt,humo.At Polynicis heu
Miserum cadauer uoce publica uetat
Ne quis sepulcro mandet,aut etiam fleat.
Sed insepultum,non rigatum lacrymis
Auibus suaueis dent dapes,uti lanient.
Atq; hæc bonum ferunt Creonta tibi & mihi
Quin mihi quoq; edixisse dico,& nescijs
Venisse ut ista uoce clara nuntiet:
Non res agi leueis,sed esse publicam
In urbe mortem destinatam singulis
Qui tale quid patrauerint.sic se hæc habent.
At degener num nata sis ex optimis
An uerò clara & nobilis,mox uidero.
ISM. Ah quid ego misera,si se habent sic res,queam
Effic

Efficere,si nunc legibus non obsequar,
Fratrisq; corpus si sepulcro contegam?
ANT. *Num me uelis iuuare tecum cogita.*
ISM. *Heu quale facinus.sanáne satis es soror?*
ANT. *Isthac necatum subleuare dextera.*
ISM. *Aususáne sepelire cùm sit inhibitum?*
ANT. *Fratrem meum,etsi non uelis,etiam tuum.*
Nec enim ullo id ego uelim negare tempore.
ISM. *Quid misera,cum Creon id inhibuit,paras?*
ANT. *At non potest uetare,quin faciam id meis.*
ISM. *Eheu*
Quanto pater flagrarit odio cogita
Mea soror,& ut inglorius sit mortuus.
Peccata postquam rescijt sua proprijs
Effodit oculos unguibus.deinde genitrix
Et pariter eadem uxor,duplex illud malum,
Collum implicata fune,uitam finijt,
His adde tertium necem miserrimam
Fratrum duorum,quos die uno mutuis
Scis concidisse cædibus.Solæ sumus
Superstites,considera quanto soror
Peribimus crudelius,tyrannica
Si edicta uel potentiam aspernabimur.
Quin hoc decet nunc cogitare,fœminas
Nos esse natas,nec uiris resistere
Pugnando posse:deinde legibus

                                       Sumus

Sumus potentiorum subditæ.Quare hæc,& his
Audire tristiora cogemur utiq;
Id cogita.Veniam igitur nunc poscere
Ab inferis certum est,quia huc uiolentia
Compellor,& summis parebo regibus.
Tentare uana insignis est amentiæ.
ANT. Nec ego iubebo,nec feram,etiam si uoles
Operam mihi nauare:quin sequere tuam
Sententiam.illum ego sepeliam.ac emori,
Si fecero,pulchrum uidebitur:lubens
Iacebo cum fratre omnium charißimo.
Factura sum piè omnia.Etenim longius
Est multò tempus quo placere manibus
Debebo,quàm supero fruentibus æthere.
Illic enim semper iacebo. Si uoles
Tu sacra Deorum pollue immortalium.
ISM. Haud impiè faciam,sed imbecillior
Sum nata,quàm ut quid tale ui facere queam.
ANT. Prætexe talia si lubet.ego nunc eo
Fratrem sepultura mihi dilectißimum.
ISM. Væh mihi miseræ,ut ego tibi metuo malè.
ANT. Otiosa sis de me,tuas tu res age.
ISM. Verùm caue facinus indices cuiquam:occule,
Atq; operam ego tecum dabo,ne quis sciat
ANT. Apage,indica:multò futura odiosior
Si rem premas,nec omnibus denunties.

I s m. *Ah in periculis nimis ferues soror.*

a n t. *At uolo placere quibus decet me maximè,*

I s m. *Si quidem potes:moliris ardua nimium.*

a n t. *Cessabo,cùm nihil efficere potero amplius.*

I s m. *Captare nimium grandia haud quaquã decet.*

a n t. *Si hæc dixeris propter me odio eris omnibus*
Inuisa mortuo iacebisq; marito.
Sed sine mea me temeritate tristia
Hæc sustinere.nihil graue adeo perferam
Vt non honestè glorioseq; moriar.

I s m. *Si sic tibi uisum est,abi.scito hoc tamen*
Stulta aggrederis:at rectè amicis consulis.

C H O R V S.

Hendecasyll.Sapphi.intermixtis
Adoniis.

Solis ô pulchrè radij micanteis,
Luxq; Cadmæis celebranda Thebis,
Nulla conuexo magis auspicata
               Fulsit ab axe.

Aureæ tandem hic oculus diei
Prodijt curru radiante uectus,
Et super Dirces spatiatur altè
               Fulgidus undas.

Militem claris uenientem ab Argis
Mox fugæ turpi dare terga fecit,
Martio quanuis foret apparatu

                                           Diues

Diues ab omni.

Qui duce in nostram Polynice terram
Venerat sæua stimulatus ira,
Iurgijs motus dubijsq; rixis
            Dira fremebat.

Vt Iouis summo ueniens Olympo
Armiger plumis coopertus albis,
Deuolat, latè strepituq; acuto
            Aethera complet.

Constitit celsæ super arcis ædeis
Ense munitus galeaq; & armis,
Vndequaq; hastis inhiabat urbi
            Sanguine tinctis.

Victus at fugit trepide prius quàm
Posset insanas sociare fauceis,
Et nimis nostro cupidum cruore
            Tingere guttur.

Antè quàm posset piceus flagranteis
Igne Vulcanus populare turreis,
Flammaq; incensi superaret ardens
            Culmina tecti.

Terga mox hosti per iniqua serpsit,
Tantus incussus timor est repente,
Aggerem circum dedit hunc Draconi
            Dextera Martis.

Iuppiter linguæ petulantis odit

            g   Glorias,

Glorias, & conspiciens uenire
Impetu magno & crepitu superbos
       Diuitis auri.
Dispulit fastum nimis insolentem.
Moenia & cum iam ruerent ad urbis
Ac forum laeti canerent triumphum
       Fulmine strauit.
Flammiger seuis metuendus iris
Maenadum diro furiosus oestro
Turbine infesto uiolenter urbis
       Moenia perflat.
Sed miser poenas dedit hîc atroces,
Saucius tristi cecidit ruina,
Occidit coeco temeratus atri
       Fulminis ictu.
Dexterum Mauors moderatus agmen
Nunc in hac felix agitabat ora,
Nunc in aduersos ueniebat hosteis
       Omnia turbans.
Vrbis ad septem totidem ordinati
Sunt Duces portas paribus locatis
In pares, summoq; Ioui dederunt
       Aenea dona.
At fratres uno genitore nati
Matreq;, infestis iaculis furenteis
Mutuam in mortem miseri ruerunt,

                 Flebile

Flebile fatum.
Fauit at Thebis Dea bellicofis,
Atq; præclarum peperit triumphum.
Nunc Duces ueſtrum eſt rigidum quietos
Ponere ferrum.
Nocte Diuorum focijs choreis
Templa ueloci pede nunc petamus,
Sed fatus Thebis Eleleus choreas
Ducat anhelas.

Phaleucium Hendec.

At rex auſpicijs nouis Deorum
Et nunc imperio recens potitus
Proles clara Menætij Creon,en
Prodit neſcio mente quid reuoluens,
Indixitq; ſenum celebriorum
Conuentum,omnibus huc palàm citatis.
CREON. *Res publica,ô uiri,Dijs uolentibus*
Diu procellis concitata turbidis
In priſtinum redijt decus. Quocirca ego
Mißis feorſim nuntijs accerſier
Vos imperaui:quòd ſciam uos ſedulo
Coluiſſe ſemper Laij potentiam:
Et idem tenente regni habenas Oedipo
Feciſtis:ac poſtquam ille ita perijt,fidem
Seruaſtis eius liberis hanc integram.
Dein ut quoq; illos unica rapuit dies,

Gemino

Gemino simul fato, impieq́; mutua
Iacent manu perempti: ego nunc proximo
Cognationis iure sceptra retineo.
At difficile cuiuslibet hominis animum,
Sententiam, aut prudentiam, est pernoscere,
Ni publico sit functus ille munere,
Vrbisq́; recte exercitatus legibus.
Quisquis regendæ præfuerit urbi, optima
Si non capessat consilia, sed præ metu
Constricta linguæ uincla liberæ gerat:
Merito is mihi uidetur esse peßimus
Nunc, & fuisse semper. ac si quis putet
Quenquam sibi potiorem amicum patria,
Hunc neutiquam esse amicum habendum censeo.
Etenim ego, testis sit mihi qui conspicit
Et nouit omnia Iuppiter, silentio
Nec tegere quicquam quod nocere ciuibus
Posset, uelim: nec hunc amicum existimo
In patriam quisquis animum hostilem gerit.
Siquidem scio hanc seruare nos: quæ dum uiget
Incolumis, haud dubium est, amici suppetent.
Eiusmodi urbem præmonebo legibus,
Atq́; his similia ciuibus præconio
Laturus adueni Oedipi de prolibus.
Ac de Etheocle quidem statuo, cùm fortißimè
Pro patria pugnans cecidit, ac strennuè

Vbiq́;

Vbiq; se geßit, sepeliatur: simul
Alia obruantur, quæ solent clarißimis
Adferre manibus decus. Sed alteri,
Puto Polynicem qui uolebat patrios
Exul focos, Deos penateis, funditus
Vastare flammis: qui uolebat sanguine
Satiare se fratris, atq; ciueis liberos
Preßos iniqua seruitute abducere:
Huic itaq;, publicè uniuersæ urbi ueto,
Ne quis parentet, lugeat́ue funera:
Sed insepultum auibus, dapes gratas, sinant
Atq; canibus laniari, & affici à feris
Hac contumelia. Hæc mea est sententia.
Neq; uerò apud me unquam scelesti præmia,
Boniśue honorem consequentur debitum.
Sed amicus huic qui ciuitati uixerit
Siue moritur, digna feret ille præmia.
C H O. Sic tibi Creon uisum est, uterq; uti suis
Promerita factis consequatur præmia.
Leges tibi, de mortuis, & pariter his
Qui uiuimus, rogare, quas libet, licet.
C R E. Seruate igitur hæc quæ imperaui sedulo.
C H. Id oneris impone potius iunioribus.
G R. Sunt additi hi custodiæ cadaueris.
C H O. Quid igitur aliud præter hæc nunc imperas?
C R. Ne assentiatis qui minus parent mihi.

C H. _Tam ſtultus eſt nemo mori qui ſic uelit._

C R. _Hæc propoſita merces.Sed improba ſpes lucri_
Sæpe miſerandum fert hominibus exitum.

N V N. _Quàm nunc anhelus huc Creon cucurrerim_
Velociter ualde leuem tollens pedem,
Referre nolo.Nam inciderunt per uias
Sæpe mihi cogitationes plurimæ,
Sæpe retuli uagum reuerſurus gradum.
Mens multa ſic tacitè mea monuit,miſer
Quò tendis?an pœnas dare cupis,quò eò eas?
Si manſeris reſciſcet id tamen Creon
Tandem ab alio:quas non pœnas miſer lues?
Talia reuoluens,tardius,properans licet,
Confeci iter.Sic fit uia breuis longior.
Demum enim animus peruicit huc ut currerem.
Etſi uolupe nihil adferam,dicam tamen.
Firmatus hac ſpe aduenio,paſſurum nihil
Me noxij,id fatale niſi mihi fuerit.

G R E. _Quid eſt quod anxiè adeo te ſollicitũ habet?_

N V N. _Primum tibi id de me aſſero,nec hoc ſcelus_
Patraſſe me,nec ſcire quis patrauerit.
Neq; iure malè mulctarer hîc aut plecterer.

C R. _Bene prouides,cauſamq; præmunis tuam_
Vndiq;:ſed aliquid dicere uideris noui.

N V N. _Periculoſa non carent magno metu._

C R. _Dic igitur ut ſolutus omni abeas metu._

N V N.

NVN. *Id nuntio,aliquem iam sepulcro mortuum*
Mandasse furtim,abijsse uerò puluere
Cadauer ut texisset arido,ac simul
Soluisset imis quæ sacrantur manibus.
CR. *Quid ais?quis est ausus hominum tantum scelus*
NVN. *Ignoro,nec enim ferri ibi uestigium,*
Nec saucia bipenne uspiam,ligone nec
Effossa humus arida & æqua,nec fracta,aut rotis
Proscissa fuerat:conijci autor non potest.
Atqui diei illius,ut monstrauerat
Custos,stupenda est omnibus ea uisa res.
Nil conspici potuit,neq; tumulus ullus erat.
Incertus exiguus fuit puluis,scelus
Vt qui fugeret.ad hæc neq; feræ,nec canum
Venientium aut laniantium uestigium.
Ac dimicatum est acriter uerbis quidem
Custosq; custodem arguebat criminis:
Incruduissent penè rixæ ad uerbera.
Neq; enim aderat tum quispiam qui dirimeret.
Suspectus alter semper alteri fuit,
Nec certum erat quicquam,negabant scire se.
Candens parati ferrum eramus tollere
Nuda manu,aut transire flammas,& Deos
Iurare,nos nec esse peccati reos,
Nec conscios iuuisse uerbis uel opera.
At cùm relictus nullus esset amplius

Indagini locus,en metu quidam caput
Omneis humi demittere coegit.nihil
Siquidem satis quod diceremus,aut bene
Faceremus in promptu erat:at hæc fuit illius
Sententia,Omne nunc tibi negotium
Patefaciendum,nec tegendum esse amplius.
Et uisa potior sors.at ò miserrimum
Me elegit,ut mihi lucrifacerem id commodi.
Adsum igitur inuitus apud inuitos,scio:
Nam nemo nuntia adferentem amat mala.
At hoc,Creon,diuinitus'ne euenerit
Negotium animus disputat meus diu.
C R. Desine priusquàm penitus ira me occupet.
Neu stultus inueniare pariter & senex.
Nam non ferenda dicis,huius mortui
Curam gerere Deos?quid?an'ne honoribus
Dignentur illum afficere,& ut bene meritum
Mandare humi,qui uenit ut templa undiq;
Celsis columnis fulta cum donarijs
Vastaret igne funditus?Et eorum humum
Legesq; dispergeret?an unquam apud Deos
Malis honorem habitum fuisse existimas?
Erras.Sed hæc ægrè ferebant plurimi,
In me fremebant clanculum ciueis caput
Tacitè uibranteis,& iugum impatientius
Ceruice sustinuere,ut ea quæ iusseram

Facer

Facerent. Et ex his colligere satis queo
Mercede conductos patrasse illud scelus.
Etenim nihil hominibus perinde noxium
Natura, ut argentum, aut malum maius tulit.
Euertit urbeis, proprijs è sedibus
Domoq; ciueis excutit, docet, animos
Mutat bonos, ut se ad malas res applicent:
Fallacias quasuis struere quibuslibet,
In rebus omnibus impiè agere. At qui scelus
Conductus istud præmijs patrauerit,
Tandem mihi grauissimas pœnas dabit.
Ac si Iouem summum colo, certò tibi
Persuadeas, id iureiurando assero.
Facinoris autorem nisi indicarîtis
Coramq; me huc deduxerîtis, una mors
Non satis erit, sed pensiles uiuosq; uos
Supplicia cogent hanc fateri iniuriam:
Vt tum sciatis unde lucrum postea
Vobis petendum. atq; simul id uestro malo
Discatis, haud ex qualibet re commoda
Captanda'ue esse lucra. nam turpeis ferè
Quæstus magis sunt noxij, damniq; plus
Secum trahunt, quàm ferre possunt commodi.
NVN. *Nihil'ne mandas amplius me dicere?*
An ad meos referre gressus imperas?
CR. *Quin, i, molestus sermo iamdudum est tuus.*

N V N. *Aureis'ne stimulat, an potius animum tuum?*

C R. *Quorsum id requiris, ubi dolor me commouet?*

N V N. *Discruciat autor sceleris animum, aureis ego.*

C R. *Heu quàm mihi plus quàm par est, es garrulus.*

N V N. *Huius'ne criminis reum me esse autumas?*

C R. *Et prodigus uitæ ob pecuniam es tuæ.*

N V N. *Heu quàm graue est sic suspicarier malè.*

C R. *Famam loquacitate satis ornas tuam.*

At ni mihi autorem breui indicabitis,

Quanta, mala lucra, damna pariant uidebitis.

N V N. *Vtinam inueniri possit: at siue fuerit*

Seu non deprensus fuerit, id situm in manu est

Fortunæ: ego huc nunquam reuertar amplius,

Nunc præter omnium opinionem ac spem meam

Seruatus: est quod gratias Dijs agam.

CHORVS.

Anapæstici mixtis Iamb. Dimet. Acepha-
lis & Acatalect.

PLurima ubiq; stupenda uidemus:
  Sed nihil usquam natura homine

Aequè stupendum protulit.

Ille canas æquoris

Obruentibus ratem

Fluctibus transire aquas

Non horret: ac Deorum

Summam, Tellurem celeberrimam,

Incorruptam,ac indefessam,
Obliquis proscindit aratris,
Annosq; exercet per singulos,
Equisq; ualidis uersat.
Volucrum pennigerum genus,
Ac belluarum genteis
Agrestium,rapidoq;
Editos pisceis mari
Fune nexis retibus
Capit,atque undiq; circumplectitur
Industrius,& homo uafer.
At montiuagas uarijs machinis
Vincit feras:hirsutum
Pendente per colla iuba
Subiugat equum:ferocem
Monteisq; domat habitantem
Taurum:& eloquentiam
Consiliaq; uentosa edidicit,
Rigidiq; iurgia fori.
Sub Ioue gelido nimium duras
Vitare didicit sedeis
Asperáq; iacula imbrium.
Rerum omnium peritus,
Instructus,nihil est imperuium.
Solius Orci effugium
Non inuenit:sed morborum

Excogitauit grauium
Medicinam:artibus,& sapientia
Quàm credi posset maiore
Est præditus. Aliquando
Ad uirtutis studium fertur,
Aliquando ad uitium. Cùm patriæ
Seruat leges & iustitiam,
Tota colitur in urbe.
At quando nullo temerarius
Studio mouetur honesti
Vilior est quàm ut ciueis inter
Numeretur, aut locum habeat.
O utinam neque eodem mecum
Tecto unquam contingat uiuere,
Nec amicus fiat, qui talia
Patrare facinora audet.

At at, hoc infelix prodigium
Terret, nec me fallunt oculi,
Cùm uideam quî potero inficias
Ire Antigonam hanc esse? ô misera
Miseri Oedipodis filia patris.
Quid? legibus num ducunt
Te rebellem regijs,
Deprensamq; in factis stolidis?
NVN. Hæc est nefandum quæ patrauit hoc scelus:
Hanc sepelientem apprendimus. sed ubi est Creon.

CHO.

CHO. *Eccum domo reuersus opportunè adest.*

CR. *Quid hoc rei est? iusta'ne poena plectitur?*

NVN. *Rex nihil inexpectatum hominibus accidit.*

Consilia alia superant alia: quandoquidem

Nunquam reuersurum me ego iuraueram,

Perculsus atrocibus tuis minis. Sed hoc

Quod præter omnem spem obtigit mihi gaudium

Superare quaslibet uoluptates potest.

At uenio publica fide licet aliter

Iurauerim: atq; adduco mecum uirginem hanc,

Quam modo sepulcrum ornare deprehendimus.

Non iacta nunc sors est. sed hoc proprium est meum

Lucrum: alteri non obtigit. Age hanc tu tibi

Rex sume, proq; tuo arbitratu iudica,

Conuince: ego autem absoluar, uti iustum est, mala

Huiusce suspicione liber criminis.

CR. *Quid? hanccine adducis? ubi nactus? quo modo?*

NVN. *Hæc sepelijt uirum, ut semel dicam omnia.*

CR. *Nunquid satis quæ dicis etiam intelligis?*

NVN. *Hanc ego quidem sepelire uidi mortuum,*

Quem uetueras: manifesta sunt quæ nuntio.

CR. *Dic quo modo conspecta, quî deprehensa sit.*

NVN. *Sic arcta res est, ut minis perterritus*

Abs te recessissem, cadaueri leuem,

Quo tectum erat, detersimus mox puluerem,

Tabiq; corpus diffluens nudauimus.

Ac

Ac confidenteis fub Ioue locis editis,
Ne grauior aliquis læderet nareis odor:
Vir excitando uirum agitabat afperis,
Si quis labori parceret, conuicijs.
Ac tempus hoc tranfegimus totum modo,
Donec corufcum fplendidi folis iubar
Fulgeret æthere medio, æftusq́ ureret:
En de repente turbo fulmen, cœli onus
Terra excitans campos expleuit, flamine
Campeftris horrido comas fyluæ quatit.
Turbatus aër undiq; eft: percellimur
Veniente morbo cœlitus: uifus oculis
Præripitur. At ceffante turbinis impetu
Poftea puella cernitur, quæ flebili
Lamenta uoce perfonat auiculæ in modum
Orbata nidi quando confpicit fui
Cubilia, & pullis uacua. Sic hæc quoque
Cadauer ut nudum uidet, acerbè gemit,
Et eiulat, dirisq́; deuouet omnibus
Facinoris autores. neq́; mora, puluerem
Fert manibus aridum, & operofo uafculo
Artificis ornat optimi inferias fuas,
Funditq́; crebra cadaueri libamina.
Ac pofteaquam uidimus id, accurrimus,
Illamq́; uenati fumus nullo metu
Perterritam, factumq́; prius, & nunc recens

Exqui

Exquirimus:nihil negat.Volupe id mihi
Audire fuit,& triste pariter.Nam malis
Quòd hoc modo sim.liberatus maximis,
Gaudeo:at amicos in pericula doleo
Cecidisse:sed longè minoris hæc tamen
Propria soleo salute semper ducere.
CR. At tu caput oculosq; humi figens,ais
Hoc te patrasse facinus:an verò negas?
ANTIG. Ego me patrasse aio,nec est quare negem.
CR. Tu quo uoles te hinc auferas,licet,graui
Hoc absolutus crimine.At tu breuiter id
Non usa multa ambage,dic mihi,sciueras
Præconio id fuisse publico inhibitum?
ANT. Quid ni?sciebam,perspicuum erat omnibus.
CR. Qua fronte leges ausa eras has transgredi?
ANT. Non summus hæc mihi imperarat Iuppiter:
Nec iustitia Deos quæ habitat apud inferos
Inter homines qui iura sanxerunt pia.
Nec iussa tanti ponderis tua æstimo,
Mortalis ut perennia Deorum queas
Temerare iura insculpta.mentibus hominum.
Non hæc heri,aut sunt nuper admodum edita:
Vixêre semper:quoq; tempore coeperint
Scit nemo.Non hæc debui ego hominis ullius
Perculsa sceptro,aut arrogantiam timens
Violare,postmodo Dijs pœnas graueis

Pensura.Moritura sum,id me haud fugerat,
Quid ni?etiam id etsi publico præconio
Non imperasses,si ante tempus oppetam,
Id in lucro positura sum.Nam plurimis
Quicunq; uiuit inuolutus miserijs,
Veluti ego,qui non,si occidat,lucrum ferat?
Sic quoq; mihi hoc fato mori nihil dolet.
At ex eodem progenitum utero fratrem
Sic insepultum si reliquissem,dolor
Iustus foret.at illud nihil me commouet.
Ac si stolida nunc aggredi tibi uidear,
Stulti propemodum arbitrio stulta æstimor.
CHO. Durum genus uidetur ex duro patre.
Dare nescit ingruentibus locum malis.
CR. Sed scito consilia nimis ferocia,
Nimisq; dura,ut plurimum malè cedere.
Rapido chalybs excoctus igne,quamlibet
Validissimus,confringitur,uti conspicis,
Et comminuitur.Sic lupatis etiam equi
Ferocientis edomatur impetus.
Nec uerò decet altos proflare spiritus
Quisquis alienæ est subditus potentiæ.
At hæc fuit tantum ausa flagitium,ut mea
Violarit edicta:& simul ut id fecerat,
Mox alterum adiecit nefas:ceu re optimè
Gesta,superbè gloriata est,ac scelus

Risit

Risit.sed illa uir profecto sit,haud ego
Impunè si sceptra huic potentia iaceant.
At siue sit sorore progenita mea,
Seu sit etiam Hercæo propinquior Ioue,
Nec illa,nec iam effugere poterit peßimam
Soror necem:nam de sepultura hanc quoque
Fuisse consilij puto sociam.Ast eam
Nunc euocate.nam modò intus percitam
Furore uidi,neque sat animi compotem.
Siquidem solet:hominum mali mens conscia
Qui fraudis aliquid.moliuntur clanculum,
Prius deprendi sæpe quàm patrent nefas.
Talem odi ego,qui sceleris etsi sit palàm
Conuictus,illud adhuc.ut ornet nititur.
ANT. An maius aliquid quàm necare me potes?
CR. Nihil quidem:id cùm fecero,omnia fecero.
ANT.Quid ergo cunctare?ut mihi non grata sunt
Nunc uerba tua,nec unquam erunt:sic arbitror
Nihil meorum quoque tibi probarier.
Atqui unde gloriam mihi magis nobilem
Parassem ego,quàm si fratris corpus mei
Contegerem humo?hoc his omnibus dici queat
Placere,nisi linguam metus constringeret.
Verùm beata non parum tyrannis est
Et rebus in alijs & in eo plurimum:
Quòd liberè illi,quæ libet,facere licet.

CR. *Sola'ne tuorum ciuium id tu perspicis?*

ANT. *Videant id etiam illi, sed os tibi sublimunt.*

CR. *At non secus quàm isti pudet sentire te?*

ANT. *Non est pudendum colere cognatos suos.*

CR. *Nunquid quoque fuit frater alter qui perijt?*

ANT. *Fuit, atq; ijsdem natus ex parentibus.*

CR. *Cur igitur hos tribuis honores impio?*

ANT. *Ne sic quidem peremptus alter iudicat.*

CR. *Haud aliter illum honore quàm impium afficis.*

ANT. *Non interemptus seruus, at frater iacet.*

CR. *Vastans solum natale, cùm hic defenderet.*

ANT. *Tamen hasce Stygius Pluto leges flagitat.*

CR. *At non paria sumere bonis debent mali.*

ANT. *Quis nouit, an apud inferos hæc sint pia?*

CR. *Nunquam mihi sit amicus hostis, ne quidem*
Vbi mortuus fuerit.

ANT. *At ego non ad odium*
Sum nata, sed colendum amorem mutuum.

CR. *Ad Orcum ubi descenderis, si amandum erit,*
Illos amato. at donec ego cœlestibus
Auris fruar, nunquam imperabit fœmina.

CHORVS.

Anapæst. quibus mixtus est Iamb. acephalus.

EN pro portis nunc Ismene
Lacrymas sororias
Extillans, nube supercilij

Vul

Vultum deformat purpureum,
Formosasq; genas humectat.
CR. Tu uero dimissa ut per ædeis uipera
Meum latenter quæ ebibisti sanguinem.
Neq; id sciebam nec duas regni moi
Nutrire pesteis. At age tu dicito mihi,
Huius sepulturæ fuisti'ne socia:
An iureiurando negas te noxiam?
ISM. Fui, modò hæc consentiat, sum particeps,
Culpæq; eidem, si qua sit ea, obnoxia.
ANT. Non id sinet iustitia: nec enim tibi fuit
Studium iuuandi me, aut uoluntas: neq; etiam
Communicaui rem.
ISM. At tuorum non pudet
Soror malorum, socia ero periculi.
ANT. Quorum id opus est Pluto, Deiq; conscij
Sunt inferi. at uerbis amantem non amo.
ISM. Ne me, soror, ne hac quæso contumelia
Macules, ut unà me mori tecum uetes,
Fratremq; funere expiare mortuum.
ANT. Nec tu oppetas necem, neque tibi uendices
Quæ haud attigisti: me mori suffecerit.
ISM. At quæ esse sine te uita mihi grata poterit?
ANT. Roga Creontem, nam illius curam geris.
ISM. At quid ita me excrucias soror, nec adiuuas?
ANT. Doleo equidem quantumlibet te rideam.

I S M. *Qua re tibi poterit usui esse mea opera?*

A N T. *Seruato te ipsam,non enim inuideo,tibi*
Quòd consulas,atq; fugias periculum.

I S M. *Vah*
Miseræ mihi,non mortis ero consors tuæ?

A N T. *Tu perfrui uita,ast ego mori malui.*

I S M. *Nunquid futurum id antè prædixi tibi?*

A N T. *Reclè his sapere uidere:at ego malui alijs.*

I S M. *Vtriusq; sed commune peccatum id fuit.*

A N T. *Confide,tu uiues:at animus mortuus*
Dudum est mihi,ut gratum facere functis queam.

C R. *Harum puellarum alteri iam erepta mens*
Est,alteri autem inde usq; fuit ab initio.

I S M. *Non mens eadem remanet,ô rex,in statu*
Quo est nata miseris hominibus,sed excidit.

C R. *Tibi quidem,cùm uis mali esse particeps.*

I S M. *At quid sine illa uiuere mihi uolupe sit?*

C R. *Quiesce,non enim illa uiuit amplius.*

I S M. *Quid? sponsa filij tui necabitur?*

C R. *Haud fœminæ deerunt creandis liberis.*

I S M. *Non inter illas hoc modo conuenerat.*

C R. *Haud filium uolo fœminæ iungi improbæ.*

A N T. *Charißime Aemon te ut facit parui pater!*

C R. *Nimio dolore te torumq́; conficis.*

I S M. *Priuabis igitur filium hac sponsa tuum?*

C R. *Pluto tremendus nuptias has finiet.*

I S M.

ISM. *Itaque statutum est,hanc tibi dedere neci?*
CR. *Satis est,tibi nec mihi moras necte amplius.*
Corripite famuli has intrò:posthac non erit
Fas liberè istas obuagari uirgines.
Audacibus etiam fugam suadet metus,
Finem suæ uitæ imminere cùm uident.

CHORVS.

Anapæst. Dimetri Archiloch. mixtis:
Afclepiad.& Glyconicis.

FElices quibus ærumnis sine
Grauibus fuerit transacta ætas.
Nam cui quassa et à superis domus,
Nulla est luctificis meta doloribus,
Longamq; petunt posteritatem:
Non aliter quàm tumidum fluctibus
Efferuet pelagus,cùm Boreas furens
Sæuis incubuit flatibus,& ciet
Toto densa mari nubila,turbidum
Ex imis sabulum proruitur uadis,
Tristi cum gemitu littora personant.

Hei quæ uideo damna ruentium
Labdacidarum,ac alia excipiunt
Mala rursum alia:eq; his asserere
Nunquam progeniem posteritas potest.
Obruit illam sæua Deorum
Ira,ærumnis nullus adest modus.

Aliquod radicibus extremis
Oedipodis per stirpem reliquum
Fulgebat adhuc lumen, quod nunc
Infernaleis Dij extinxerunt
Puluere letali, dementia
Sæuisq́; animi furijs. Quis precor
Hominum fastus diuinam unquam,
Rex Diuûm supreme, potentiam
Cohibere queat? quam nec languidus
Labefactet somnus, nec menseis
Longi indefessiq́; Deorum?
Ast æternis regis imperijs
Splendorem fulgentis Olympi,
Quod nunc est, et quod præteritum,
Quodq́; futurum est, semper adest tibi,
Arbitrioq́; tuo subiectum est.
Atqui lex hominum est hæc generi data,
Vt nemo sine noxijs
Aetatis peragat suæ
Tempora luctibus.
Etenim incertis sedibus errans
Spes multos iuuat homines:
Rursusq́; leui sæpe cupidine
Multos decipit: opprimit inscium
Citius, quàm queat ardenti rogo
Imposuisse pedes. At pulchrè

Sap

Sapienterǿ; à quodam dictum
Esse uidetur,
Apparere malum quod tamen est bonum
Illi,cui mentem ad perniciem Deus
Impellit:temporeǿ; exiguo
Contingit sine flebili.
Viuere luctu.

Trochaici.

En nouißimum tuorum
Liberorum germen Aemon
Anxius uenit puellæ
Misera propter fata mœrens,
Quæ toris illi iugalibus
Dedicata est nuper.his se
Nunc miser frustrarier.
Impotenter angitur,doletǿ;.

C R E O N. Mox natibus sciemus ipsis rectius.
Fili,an ubi de sponsa futura calculos
Latos inaudisti ultimos,ades in patrem
Ira fremens:an potius ea quæ fecimus
Grata,ut decet,tibi acciderunt omnia?
A E M. Pater,tuus sum,ac mente præditus bonæ.
Me corrigas,quam semper ego lubens sequar.
Nec enim foret honestum gubernanti tibi
Legittimè,præferre me ullas nuptias.
G R. Hoc te decet sentire toto pectore,

Vt cuncta postponas patris sententiæ,
O nate.& hæc est causa cur homines uelint
Summisq; uotis gignere optent liberos
Obtemperanteis ac fouere in ædibus,
Vt uindicare iniurias ab hostibus
Factas queant,æquisq; amicum honoribus
Cum beneuolis pariter colant parentibus.
Quisquis at inutileis serit proles,cedò
Quid nisi sibi plantat labores?& graueis
Multosq; præbet hostibus risus suus?
Caue nate,ne sanam tibi mentem auferat
Vnquam nefaria fœminarum cupiditas.
Ac esse noris frigidum nimis improbæ
Mulieris amplexum toris quæ iuncta sit
Iugalibus.Quod enim esse tetrius potest
Hulcus'ue maius infideli & improbo
Amico?igitur hanc ut maleuolam respue.
Sine Stygio alicui sub Orco nubere.
Nam posteaquam ciuitatis legibus
Inueni eam solam rebellem ex omnibus,
Mendacij urbs ne me coarguere queat,
Illam neci dedam.Iouem quantum uolet
Cognationis præsidem imploret.si enim
Qui genere sunt iuncti mala patrent,arbitror
Longè esse satius mihi alienos pascere.
Quicunque enim fuerit domi probus suæ,

Vrbi uidebitur etiam toti probus.

At quisquis æquum transgreditur,atq; uiolat
Leges,& imperare cogitat suis
Principibus,haud illum ego laudauero.
Sed quem urbs statuit,is prorsus audiendus est,
Seu leuia,siue iusta,siue iniusta sint.
Atq; hunc ego tandem uirum rectè simul
Et imperare posse & obsequi puto.
Ac horrida ubi procella Martis ingruit
Locatus in acie manebit,ac bonum
Sociumq; se præstabit imperterritum.
Nullum est enim inobedientia grauius malum:
Hæc perdit urbeis,turbat,euertit domos.
Hæc pugnam ubi res postulat,fugas ciet,
Ac terga uertere præcipit trepidantia.
Sic subditorum rursus obedientia
Multis saluti est.hæc bonis erit omnibus
Tuenda principibus,nec à mulieribus
Vti uioletur perferendum.Nam à uiris,
Si quidem necessum est,satius est euertier:
Ignauiores ne uocemur fœminis.
CHO. Sapienter hæc sanè uideris dicere
Nobis,nisi iam ætate fortè fallimur.
AEM. Pater Dei mentem indiderunt hominibus
Quæ sit quibuslibet opibus præstantior.
Ego uerò quòd non ista rectè dixeris,

h ſ

Neq;

Neq; potero sanè neq; sciam dicere,
Et fortè quod dicis alij probabitur.
Verùm mei esse existimo officij, Pater,
Prospicere tibi quæcunq; dicta facta'ue
Sint ciuium quæ derogant famæ tuæ.
Nanq; tuus aspectus timore concutit
Horrente ciuem, forte, si quid dicat is
Quod non ferat tuis uoluptatem auribus.
At ego susurranteis ea audio clanculum,
Vtq; hanc puellam tota ploret ciuitas
Ceu quæ mulieribus toleret ex omnibus
Indigna maximè. & neci modo pessimæ est
Adiudicata ob gloriosa facinora.
Quæ luctuoso in prælio cæsum fratrem
Non insepultum à cruda deuorantibus
Perire canibus uoluit, aut auibus feris.
Iacere pabulum. aureo non'ne hæc fuit.
Potius honore digna?tacitè spargitur
Obscura de te fama talis. Mi Pater
Dum tu, statusq; permanet regni tui
Incolumis, optabilius, aut antiquius
Nihil esse mihi potest. quod etenim gaudium
Aut quæ uoluptas maior esset liberis
Quàm nobili florere patrem gloria?
Quid rursus est à liberis iucundius.
Parèntibus? Ne quæso consuetudinem hanc

Tua

Tueare pertinacius:nihil ut putes
Rectum,nisi quod ipse dixeris.Etenim
Quicunq; se solos sapere,linguæq; ui
Vel pectoris pollere,quam alij non habent,
Existimant,isti retecti sæpius
Comperti inaneis sunt.Viro etiam discere
Non turpe sapienti est,minus ue renitier.
Vides'ne quotquot arbores torrentibus
Extra alueum exundantibus cedunt,suos
Seruare ramos integros:radicitus
Quotquot renituntur,perire & erui?
Sic quoq; gubernator ratis quisquis nimis
Tendit pedem,nec cedit auræ & fluctibus
Tracta rate tabulisq; uersis nauigat.
At cedito iræ:da locum sententiæ
Meliori,& ego(si quod modo adolescentiæ
Iudicium adest)præcellere uirum hunc autumo
Alijs hominibus,maxima sapientia
Qui præditus sit:at secus si res habet,
(Nanq; huc solent perraro uergere)
Etiam obedire bene monentibus alijs.
C H O. Rex si quid hic dicat boni, æquũ attendere est
Te nunc uicißim:utrinq; enim dictum probè.
C R E. Aetate an hac discendum erit mihi sapere
A iuuene stulto, & prædito tali indole?
A E M. Iniusta nulla.Si iuuenis ego sum,decet

Spectare non tam tempus, ac rem expendere.

C R. Egregia uerò res scelestos ut colam.

A E M. Nunquam id iubebo, in impios ut sis pius.

C R. Deprensa'ne hæc obnoxia fuit morbo huic?

A E M. Thebana non id tota dicit ciuitas.

C R. Præscribet urbs'ne quæ mihi imperanda sunt?

A E M. Considera ut loquaris hæc temerariè.

C R. Alij gerenda sceptra non mihi forent.

A E M. Non ciuitas est quam uir unicus incolit.

C R. Quid? non regenda urbs imperantis legibus?

A E M. Vt solus in deserto agro regnum geras.

C R. Certamen iste pro muliere suscipit.

A E M. Si quidem mulier es, nam tui curam gero.

C R. Sceleste cum parente contendis tuo?

A E M. Non iure te patrare talia uideo.

C R. An pecco regni iura dum colo mei?

H E M. Non sic colis, cùm dijs honorem debitum
Calcas pedibus.

C R. O indolem impurißimam,
Victamq́; fallacis mulieris artibus.

A E M. Nunquam manus ego uitijs uictas dabo.

C R. An non tueris sedulò illius uicem?

A E M. Tuam, meamq́;, & inferorum numinum.

C R. Non hanc habebis coniugem uiuam amplius.

A E M. Si quidem illa moritur, alterum secum trahet.

C R. Erumpit etiam ista in minas audacia?

                                                 A E M.

A E M. *Quæ sunt minæ, quãdo ad animi uanũ impetũ*
Respondeo?

C R. *Non sine tuo magno malo.*
Faxo docebis me ipse cùm mentis es inops.

A E M. *Nisi pater esses dicerem te haud compotem*
Tui.

C R. *Mulieris uile mancipium sile,*
Caue talibus posthac mihi hîc obgannias.

A E M. *Vis dicere, nec audire quicquam sustines.*

C R. *Sanè, atq; Olimpum testor, haud cedent tibi*
Impunè tanta ista in patrem conuicia.
Adducite huc illud odium, ut sponsi sui
Præsentis ante oculos necem mox oppetat.

A E M. *Non id futurum est, ne hoc tibi persuadeas.*
Nunquam illa me inspectante uitam finiet.
Nec tu meum cernes caput. itaq; maneas
Apud hos, tuam qui perferunt insaniam.

C H O. *Gradu citato hinc, & furore percitus*
Discessit: atqui huiusmodi ingenium graui
Dolore commotum sit atrocissimum.

C R. *Struat omnia, efferatur ille superbius,*
Sapiatq;, quàm decet, magis, nunquam tamen
Duas puellas hasce surripiet neci.

C H. *Vtrauq; cogitans'ne morti tradere?*

C R. *Innoxiam nolo. probè quidem admones.*

C H. *Quo genere statuisti necis eam perimere?*

C R.

CR. *Deductam,ubi hominum nulla sunt uestigia,*
In sola loca mox saxeo abscondam specu
Viuam:cibiq́; suggeram quantum potest
Ferri manu:uniuersa ut hæc piaculo
Vrbs liberetur:atq; ibi Orcum quem colit
Inter Deos solùm precetur,præmij ut
Id consequatur,ne feram mortem oppetat.
Addiscet ibi,quàm sit superuacaneum,
Laborq́; inanis,colere Diuos inferos.

CHORVS.

Trochaici, Glycon.Anapæst.Iamb.

O Amor,
O nulla superabilis
Pugna Cupido.
Qui magnificas irruis in opes,
Qui pernoctas mollibus in genis
Teneræ uirginis.
Aequora cani per maris ambulas,
Et stabula alta ferarum agrestium.
Nemo tela fugit tua.
Immortalia figunt numina,
Humanumq́; genus.
Quemcunq; occupas
Agis in furorem.
Ad noxamq́; probos rapis animos,
Domesticumq́; hoc concitasti dissidium.

Euidens amor genarum
Nubilis puellæ
Vincit legum uenerandarum
Principem:
His ei præstigijs
Insuperabilis illudit Venus.
At nunc etiam ipse hæc cum uideo
Feror extra legum metas, nec
Cohibere queo lacrymarum humidos
Fonteis, quando thalamum conspicor
Qui omneis consopit, & Antigonen
Illò miseram flectere gressus.
ANTIGONE. Aspicite, patrij
Ciueis soli,
Nouissimum me
Carpentem iter,
Et nouissimum iubar
Fulgidi intuentem
Solis, nec amplius intuebor.
At me, qui omneis sepelit, uiuam
Orcus ad opacas
Acherontis deducit ripas
Exortem hymenæi, nec carmen
Nuptiale fuit mihi
Cantatum. ast Acheronti
Nuptura abeo.

CHO.

CHO. *Ergo celebris nec sine gloria*
Abdes te in istas mortuorum latebras.
Nec uoracibus agitata morbis,
Nec gladiorum ictus sortita:
Sed libera solaq; mortalium
Stygium migrabis ad Erebum.
ANT. *Audire memini*
Phrygiam hospitam
Tantalo satam miserrimam
Perijsse alti in uertice Sipyli:
Quam, ueluti circunfusa hedera,
Saxosum perdomuit germen:
Ac, ut fama est, liquentem imbre
Perpetuo nix nunquam deserit:
Sed sub supercilijs
Lacrymantibus, iuga humectat.
Me quoq; istoc nunc Deus sopit modo.
CHO. *Sed Dea fuit illa, atq; Deo sata:*
Nos mortales & mortalibus
Progeniti. atqui magnum id quiddam est.
Stirpe prognatas caduca
Dici æqualia Dijs sortiri.
ANT. *Hei mihi miseræ*
Rideor. quid hîc
Per Deos penateis
Me contumelia afficis non mortuam,

Sed

Sed uiuentem etiamdum?
O urbs, & simul urbis
O locupletes incolæ,
O Dircæi fonteis
Thebarum nemus pugnacium,
Testeis uos simul aduoco,
Quomodo indefleta nunc ab amicis,
Quaq; lege carceris
Vadam ad effossi sepulcrum
Inusitatum.heu me ter infelicem
Nec uiuos inter nec mortuos.

CHO. Nec mortuorum nec etiam inquilina
Viuentium extremam progressa
Ad temeritatem etiam in extremas
Incidisti,ô uirgo,pœnas.
Grauiter luis paterna scelera.

ANT. Ah dolores mihi refricuisti
Sæuissimos,luctumq; acerbum,
Ac peruulgatum de patre,
Omnemq; retigisti priorem
Labdacidarum sortem.
Eheu materni ærumnosæ
Coniugij faces.
O incœsti concubitus patris
Miseræq; matris:è quibus ego infelix
Nata sum parentibus!

Ad quos execrabilis & tædis
Ignota iugalibus ipsa ego nunc
Inquilinaq; abeo.
Heu heu infaustißima frater
Adepte connubia,
Iam leto datus,occidisti
Me etiamdum uiuentem.

CHO. Facere piè pietatis est cuiusdam.
Porrò illorum qui sceptra tenent
Haud quaquam est uiolanda autoritas.
Te spontanea perdidit ira.

ANT. Indeplorata,& amicorum
Præsidij inops,ac nuptialibus
Frustrata honoribus misera,
Per uiam iam præparatam
Deducor.haud amplius erit fas
Hoc sacrum solis iubar tueri.
Hei mihi misera,nec amicorum
Quisquam est qui gemat hanc meam
Adeousq; lacrymosam sortem.

CREON. Scitis'ne luctus & querelas utileis
Si sentiant,cùm tempus instat funeris
Sedare posse neminem?citißimè
Hinc nunquid obripitis?opaca,ut iusseram,
Operite tumba,ibiq; solam linquite.
Siue moritur,seu uiua tali condita

Teclo

Tecto maneat. Etenim quod ad eam uirginem
Intaminati nos sumus. de cætero
Superûm illa nunc priuabitur consortio.
ANT. O tumulus, ô chorus iugalis, ô domus
Effossa, quæ me continebit perpetem.
Hac ad meos concedo, quorum maximum
In mortuis numerum recepit inuida
Proserpina: horum nunc ego nouißima
Descendo, & omnium miserrima, citius
Quàm destinatum funeri fatis diem
Exegerim. Veniam quidem, hæc me spes fouet,
Charo parenti grata, simul etiam tibi
Mater, tibiq; grata fraternum caput:
Quando mea uos mortuos laui manu,
Ornaui, & inferias sepulcraleis dedi.
Nunc uerò Polynices tuum quòd texerim
Composuerimq; corpus, id fero præmij.
At me tibi impertisse honorem debitum
Fatentur omneis, qui modò bene iudicant.
Non, mater equidem si tulissem liberos,
Nec si maritus morte consumptus foret,
Subeunda iudicassem ego ista pericula,
Contra urbis edictum. Sed id qua gratia?
Quòd mox marito mortuo foret alius
Cui nuberem: ac alio ex uiro quoq; liberi,
Orbata ijs, suppetere possent. Sed patre

Ac ma

Ac matre tenebroſo obrutis Orco, haud queat
Vnquam mihi frater alius naſci, & adeo
Hac mota cauſa, quòd te honore affecerim
Peccare uiſa ſum Creonti & graue ſcelus
Nefariumq; auſa eſſe, frater optime.
At nunc manu uiolenter apprehenſam rapit
Tædæ iugalis & tori expertem, ac rudem
Eduċtionis prolium, itaq; ſic eo
Miſera, & amicis deſtituta priſtinis,
In mortuorum uiua proficiſcor ſpecus.
Quibus Deorum legibus non parui?
Quid attinet ita calamitoſam me amplius
Ad cœlites deflectere Deos lumina?
Cuius potiſsimum inuocare potero opem?
Cùm pium opus exercens, id auferam, ut rea
Facinoris impij agar? at hæc ſi placuerint
Honeſtáq; Deorum uidentur mentibus,
Ac ſi quæ noxa in me hereat, quòd puniar
Veniam dabo. Verum ſi iniquè fecerint,
Quæſo Deos tantundem ut etiam perferant,
Quantum mali iniuſtè irrogauerunt mihi.

              Iamb.   Anapæſt.   Troch.

C H O. Ventorum eorundem impetus ijdem adhuc
In huius animo uirginis
Aequè uiolenter ſpirant.
C R E. At ductores iſti lacrymæ

                                        Sibi

Sibi conciliabunt hisce moris.

ANT. *Hei mihi nox hæc sæuæ prodije*
Proxima morti.

CR. *Non ut spem concipias iubeo*
Irrita fore quæ sunt decreta.

ANT. *O Thebana urbs, natale solum*
Dijq; penateis.

Abducor, nec cunctari licet.

En Thebani cernite principes
Reginam nunc solam reliquam,
Qualia misera à qualibus,
Quòd pietatem colui, perfero.

CHOR. *Sustinuit quoq; Danaës corpus*
Mutare poli lumina fulgida
In munitis ære cubilibus.

Ac occultata sepulcrali
Thalamo uincta est. atqui ô proles
Claro fuerat stemmate nobilis,
Et quæ gremio seruabat Iouis
Aurea semina.

Immensa at est fati potentia
Nec imber illam, nec ferus
Martis furor, nec turris, aut
Æquora secanteis fugerint carinæ.

Et ferox ira Dryantis proles
Rex Ædonum

Constric

Constrictus à Baccho fuit,
Conuiciatricemq; ob iram
Obseptus saxoso carcere.
Hoc modo destillat illic
Terribilemq; furorem,
Animiq; florentem impetum
Ille nunc intelligit
Furijs impulsum se lingua
Petulante Deum lacerauisse.
Nanq; afflatas numine fœminas
Bacchiq; sacrum uetuit ignem
Ac Musas in se dulcisonas
Irritauit.
Hîc ubi Cyanæi scopuli imminent
Geminiq; maris littora Bosphori
Ac Salmydessus Thracius,
Ibi propinquus Mauors
Geminorum conspexit
Dirum uulnus Phineidarum,
A crudeli factum matre,
Quæ infelices excæcauit
Oculorum orbeis,
Dextra uulnus sanguinolenta,
Lancearumq; rigidis atq; radiorum
Laniatum cuspidibus.
Tabescenteis igitur miseri

Miseram matris flebant sortem,
Infaustis progeniti nuptijs.
Illa verò nobili sata
Stirpe Erechthidarum
Longinquis nutrita sub antris
Ac rupe suit ardua.
Par equis pernicitate
Inter patrios Boreæ turbines,
Nata Deo.verùm etiam illa suit
Fatis agitata immortalibus.

TEIRES. Proceres Agenoridæ ecce communi via
Adsumus, & ex uno duobus suppetit
Visus.is enim quicunq; privatus oculis
Est, dum facit iter aliquò, ductore indiget.

CRE. Quid verò Teiresia senex adfers noui?

TEIR. Docebo: tu uati modo fac obtemperes.

CRE. Quid? an ego monitis antè discessi tuis?

TEIR. Atq; hinc statum modereris urbis prospere.

CRE. Confiteor, atq; agnosco tua beneficia.

TEIR. Sapias itaq; nouaculæ in acumine tua
Fortuna cùm uersetur.

CRE. At at id quid sibi
Vult quod ais? ut nunc pauidus os tuum horreo.

TEIR. Intelliges ubi artis audieris meæ
Indicia. Nam in ueteri sedente me loco
(Auguria ubi hortus destinatus est mihi)

i 4 Irrusit

Inusitata ferijt aureis uox meas
Auium malo impetu ac peregrino sonos
Edentium,ac sese cruentis unguibus
Laniantium.nec enim nihil sonorior
Portendit alarum strepitus.at ego metu
Perculsus,aris illico inflammantibus
Adolere cœpi,ac immolata è uictima
Haud ulla flamma promicuit.in cineribus
Fumus liquefaciebat inflata femora,
Lentisq; adurens expuebat ignibus.
Sublataq; exta dissipabantur,adipe
Suo iacebant femora nudata.hæc enim
Sic accidisse meus mihi retulit puer,
Inauspicata prorsus esse hæc Orgia.
Siquidem mihi dux est hic, at alijs ego.
Te propter urbs nunc calamitosis his malis
Affligitur.Deorum enim immortalium
Aræ sociq; sunt repleti uolucrium
Canumq; pabulo,Oedipi postquam genus
Furore concidit peremptum bellico.
Deinde nostras sacrificiorum preces
Accipere Dij femorumq; flammas rennuunt.
Nec auspicatas edidit uoces auis
Satiata ut est cadauerum pinguedine.
Hæc cogitare te decet.Hominibus enim
Nihil æquè procliue est,ut errare,omnibus.

Ac

Ac postquam aliquis est lapsus, haud is dicitur
Consilij inops miser'ue qui malo obrutus
Quærit medelam, nec manere pertinax
Decreuit. est res stulta pertinacia.
Age cede mortuo, nec extinctum fode.
Quæ fortitudo est enecare mortuum?
Tibi bene uolens hæc moneo. uerùm utile
Si quid monetur, illud excipere decet.

C R. Senex, ad unum omneis uti sagittarij
Scopum petunt, in hunc uirum iaculamini,
Tuq; ipse Vates propter istam familiam
Mihi exhibes negotium. Sum uenditus,
Sum proditus: sic facite quæstum, atque pretium
Accipite, si uidebitur, Sardensium
Electrum, & auri pondera Indici, tamen
Nunquam sepulcro illum tegetis: nec etiam
Si nunc rigentibus Iouis aueis unguibus
Aquilæ cadauer lucidos in ætheris
Rapiant thronos, illud timens piaculum
Sinam ut sepeliatur. id enim scio, Deos
Non posse ab ullo hominum inquinari cœlites.
Quin sæpe Teiresia inter homines maximi
Labuntur insanum ob lucrum turpissimè,
Verbis bonis cùm palliant subtiliter
Causas iniquas.

T E I R. Hei quis id mortalium

Cognouit unquam, quis ne suspicatus est?

CR. Quid ais?in ore est omnibus,res cognita est.

TEIR. Quantum anteit opes rectitudo consilij!

CR. Quantum mali desipere plus secum trahit!

TEIR. Hoc tum laboras genere morbi peßimè.

CR. Conuicia in Vatem regerere non uolo.

TEIR. Atqui id facis:uaticinia mea falsa aïs.

CR. Semper auidum pecuniæ est Vatum genus.

TEIR. At amat tyrannorum genus impia lucra.

CR. An scis tua hæc ferire dicta principes?

TEIR. Scio.Sed hãc regis ductu meo urbẽ prospere.

CR. Sapiens quidem es Vates:malis tamen artibus

Non rarò deditus.

TEIR. Adiges me ut efferam

Immota meo animo Deorum oracula.

CR. Moue,eloquere,ne quid tamen causa lucri.

TEIR. Sic tibi uidebor, quod quidem ad te pertinet.

CR. At non mihi impones:tibi id persuadeas.

TEIR. At nescius ne sis futurum,ut antequam

Sol aliquot orbeis aureus confecerit,

Viscera tua unum liberorum retribues,

Ac exanimem etiam loco cadauerum:

Eò quòd unius animam Stygijs aquis

Deuoueris,specuq; concluseris atro,

Aliudq; seruas inferorum expers Deûm

Cadauer,exequijsq; funeralibus

Nullis

Nullis piatum:quod tamen tibi haud licet,
Superi nec approbant Dei:sed perpetras
Violenter ista:uindices quorum latent,
In posterum ut te puniant, Erinnyes,
Erebiq; Diuorumq; superûm Erinnyes,
Ac in eadem te deuolutum iam mala
Corripere possint.ista fac consideres,
Corruptus an uaticiner ego pecunia.
Nec enim futura est longa temporis mora,
Cùm tua uirorum & fœminarum luctibus
Resonabit undiq; domus,hostiliq; te
Vrbs quælibet mox impetet meritum manu,
Quarum cadauera laniata,uel feræ
Vel polluêre canes,auisq; rapax tulit
Sceleratum odorem in lucidos urbis focos.
In te ista,ceu iaculator,emisi incitus
Furore tela,ac ualida adeò,quorum haud queas
Effugere uirus noxium.Sed nunc puer
Hinc me domum deducito:atque hic impetum
Crudelis animi in iuueniores expuat:
Linguamq; discat erudire,ut prædita
Maiore sit modestia:ac simul animum
Fouere quàm est nunc instituereq; rectius.
C H. Vir abijt ô rex auguratus atrocia.
At scimus hoc,ex quo nigra mihi isthæc fuit
Aspersa canicie coma,haud inuentus est

Dixisse

Dixisse falsiloqua urbi huic uaticinia.

CR. Noui, ac proinde mihi cor attonitum stupet:
Sed cedere est durum, ac resistere si uelim
Me damna, cum periculum præsto est, manent.

CHO. Consilio opus prudentiaq; est ô Creon.

CR. Quid facto opus sit consulas, ego obsequar.

CHO. Specu puellam eximito, mortuoq; huic
Ac insepulto busta des cadaueri.

CR. Hoccine uidetur? ac uti cedam mones?

CHO. At quàm queas ocyßimè: nam numinum
Noxæ citipedes improbos perdunt citò.

CR. At at, animum uix huc queo perpellere.
Sed cum neceßitate pugnare arduum est.

CHO. Hæc igitur ipse fac, nec alijs impera.

CR. Quin iam iam eò me confero. At famuli ocyus
Quicunq; adestis, ac abestis, tollite
Validas bipenneis, petite conspicuum locum.
Ac postquam ego sententiam mutauerim,
Quam colligaui uinculis quoque eximam.
Nam melius esse existimo atque tutius
Nunc usitatis paruisse legibus.

CHORVS.

Variè mixtus, eodem penè carm: genere,
quo est usus Sophocles.

Varijs Bacche insignis
Nominibus, & nymphæ decus

Cad

Cadmææ, Iouis altitonantis
Genus eximium, qui inclytæ
Excolis Italiæ iuga:
Quiq; foues in communi sinu
Spicigeræ Cereris
Fertileis Eleusidis agros.
Bacche qui genitriceis
Mænadum Thebas colis:
Hìc ubi liquida Ismeni
Perluunt agros fluenta,
Et sunt agrestis consiti denteis Draconis:
Te bifidi super arduos
Parnassi conspexit colleis
Prorumpens è sacris fumus
Lucidus hostijs:
Vbi Corycia nymphæ
Bacchides ambulant:
Vbi Castalius fons ex Nysseorum
Montium hederacei
Tumuli, uiridesq; & uitiferi
Carmine resonanti
Deducunt te colleis,
Thebanæ urbis præsidem:
  Quam tu urbibus magis omnibus
  Vnam colis,
  Cum matre pariter fulmine

Perc

Percussa graui.
Et ciuitas cum nunc fero
Vbiq; morbo affligitur:
Lustrali pede ualleis
Parnassias, aut littora
Pete resonantia.
Igniuomarum præsultor Iœ syderum
Atque uociferationum
Præses nocturnarum,
Nate Iouis summi
Huc ades ancillis
Noxijs comitatus,
Quæ furore percitæ
Nocturnis te celebrant præsidem
Choris Iacchum.

NVNT. Amphionis domusq; Cadmeæ incolæ
Haud amplius hominum beatam dixero
Vitam nec accusabo. nam rotat omnia
Fortuna: præcipites dat, & rursum erigit
Iuxtà potenteis atque miseros: nec aliquis
Extat futuri præscius mortalium.
Creon enim si quisquam alius, erat, ut quidem
Mihi uidebatur, beatus, asserens
Ab hostibus Cadmæam humum, atque totius
Regionis imperio potitus, & simul
Virebat etiam multitudine prolium.

At nunc ruerunt cuncta, lapsaq; sunt retro.
Siquidem uoluptates cui deperierint
Non uiuere illum existimo. Quantumlibet
Sis diues, ac ædeis superbas occupas,
Viuas tyranni præditus potentia,
Si contigerit ut destituat hoc gaudium,
Reliqua ad beatè uitam agendam & suauiter,
Ne umbra quidem fumi profectò uelim emere.

CHO. Quid rursus adfers nunc oneris huc regij?

NVN. Periere, sed sunt causa, qui uiuunt, necis.

CHO. Quis'nam peremit? fare: quis'ne est mortuus?

NVN. Sua occubuit Æmon cruentatus manu.

CHO. Vtra, patris'ne, an propria perijt manu?

NVN. Sua ipse dextra, sæuam ob Antigones necem,
Ira in patrem motus, mucrone se induit.

CHO. O augur ut iam uera uaticinatus es.

NVN. Cùm sic tulit res, alia consulenda sunt.

CHO. Sed calamitosam uideo regis coniugem
Creontis Eurydicen tulisse domo gradus.
Fortasse de puero audijt, casu'ue adest.

EVRYDICE. O uniuersi ciuitatis incolæ
Id nuntij percepi ut extuli pedes
Venerata precibus Palladem: ac cum ianuæ
Adapertilis relaxo claustra mox mali
Domestici aureis perculit rumor meas.
Pauore consternata, & exanimis statim

Inter

Inter pedißequas supina concidi.

Sed quis fuit sermo iste rursum dicite,

Nec enim mali ignara aut rudis eum exaudiam.

N V N. *Regina charißima mihi, præsens loquar.*

Nihilq; omittam quod potero uerè eloqui.

Quid enim attinet mulcere te rumoribus

Ob quos queam fortaffe pòst redargui

Mendacij? rectißima ipsa est Veritas.

Ego tuum penè comitabar coniugem

In edita loca, ubi Polynicis squallidum

Canibusq; laniatum iacebat corpus: ac

Eum quidem, Hecaten obsecrati & inferum

Plutonem, ut iras beneuoli deponerent,

Purè abluenteis: quod supererat reliquum adhuc

Ramusculis inuoluimus carptis recens,

Et adußimus. Deinde tumulum peruium

Cùm reddidiffemus, lapidibus undiq;

Constrata uirginei penetralia specus

Thalamum Herebi subiuimus. Vocem eminus

Quidam simul ut audiuerat lugubria

Lamenta resonantem execrandi apud locum

Thalami, statim accurrens Creonti hero indicat.

Verùm hunc etiam ubi propius admorat gradum,

Cingunt, & infelicium eiulatuum

Obambulant soni. At ingemiscens lugubri

Has ore uoces edit: Hei mihi misero

Vates'ne

Vates'ne sum?uiam'ne tero nunc omnium
Quas anteà infaustissimam?num filij
Vox me pepulit?ite famuli,ite celeriter,
Petite sepulcrum,inspicite tumuli saxeam
Molem:subite ostia speluncæ,an Aemonis
Vocem audiam miserabilem:an uerò à Dijs
Decipiar.At nos,ueluti tristis iusserat
Herus,specum lustramus,ac in ultimo
Procul recessu illam quidem conspeximus
Pendêre colla fascijs ex sindone
Nodatam.at ille uirginem amplexus mediam
Iacebat,& plorabat interitum suæ
Sponsæ,patrisq; immitia facinora,& thori
Iugalis infaustum statum.Vt uerò pater.
Conspexit,intrò irrupit,& suspiria
Ducens ab imo corde,& attonitus graui
Mœrore tali filium appellat sono:
Ah quid miser te is perditum?quas res agis?
Quo præditus es animo miser?quæ calamitas
Sic te premit?fili egredere,id ego parens
Supplex precor.Sed trucibus oculis intuens,
Vultuq; toruo,respuit patris preces.
Nihilq; dicens,stringit ancipitem manu
Gladium,ac patre elapso fuga errauit:dein
Iratus infelix sibi incubuit statim
Lateriq; medium insigit ensem,ac brachia

k   Comp

Complectitur, adhuc compos animi, uirginis.
Mox naribus spirans grauia, celerem eijcit
Pallente spiritum cruentatum gena.
Et mortuus apud mortuam infelix iacet,
Connubialia sacra sortitus nigra
In arce Plutonis. Simulq; id hominibus
Ostendit, inconsulta quòd sit temeritas
Homini malum longè malorum maximum.

CHO. Quid hoc sibi uult? mulier hinc sese abstulit,
Verbum priusquam triste seu bonum edidit.

NVN. Atq; ipse id attonitus stupeo: sed spe tamen
Pascor, simul ut accepit è gnati nece
Dolorem acerbum, nolle luctus publicè
Testarier: sed laribus in domesticis
Luctum imperabit, ut puto, pedissequis.
Non mentis est tam inops ut in se sæuiat.

CH. Haud scio equidē: at nimia ista nūc taciturnitas
Aliquid mihi portendere uidetur mali.
Quanquam nimius est clamor etiam inutilis.

NVN. Sed mox domum ingressi, sciemus an animo
Ira incitata aliquid mali occultum gerat.
Nimium silentium haud caret periculo.

CHORVS.

Anapæst. ut in Græco.

EN, en, rex ipse huc approperat,
Manibusq; cadauer gestat suis:

Haud

Haud alterius, si fas dicere est,
Verùm ipsius culpa perditum.
CREON. *O menteis ter stolidas.*
O peccata atrocia,
Letaliáq; iam mortis autores
Mortuosq; cernitis
Consanguineos.
Hei mea tam infelicia
Consilia.
Heu fili iuuenilibus
Annis erepte nouo
Fati genere.
Vah, uah,
Eheu perijsti non propria,
Verùm mea dementia.
CH. *Hei quàm uideris iusta serò cernere.*
CR. *Ah iam meo didici miser malo.*
Et hoc Deus capiti meo
Hoc grande coaceruans onus
Me perculit,
Pariterq; atroceis hasce adegit in uias.
Hei, usitatum funditus mihi gaudium
Subuertit, heu heu.
O ter quater hominum labores miseros.
SERVVS. *Oppresse uarijs ô Creon nunc miserijs*
Alia manu gestas, aliáq; mox mala

Tuis uidebis perpetrata in ædibus.

CR. *Quid peius esse queat?quid est reliquum mali?*

SER. *Vxor recenti misera uulnere concidit,*
Occubuit huius uera mater mortui.

CR. *O nefaria Erebi*
Cuncta perdentis domus.
Quid toties iuuat
Perdere miserum?
Hei,damna ut infausta mihi nuntias!
Quemnam sermonem edis?
Heu heu heu
Me iam trucidas mortuum.
Quidnam ais?quidnam noui adfers?
Coniugem iacere propter Æmonis
Necem cadauer?

SER. *Conspicere,cùm non deliteat abdita,licet.*

CR. *Hei mihi.*
Hoc iam secundum conspicor malum miser.
Quod fatum adhuc mihi misero restat?habeo,
Manibusq́; gesto filium,ac aliud procul
Video cadauer.heu matris miserabilis
Sortem nefandam:heu nate solamen patris.

SER. *Illa celeri occidit perempta uulnere,*
Sacrasq́; circa aras nigranteis palpebras
Cùm solueret,celebreis prioris coniugis
Tædas Megarei luxit:ac huius etiam,

Dira

Dira est deinceps imprecata numina
Cuncta tibi parricidæ uti atrocißimo.
CR. Me miserrimum:
Cor pauido labat timore.
Quare nemo transadigit mihi
In modum hostilem mucrone ancipiti
Pectus? me infortunatum,
Eheu è quàm sæuis conflatus
Sum calamitatibus!
SER. Quasi præbuisses causam utrique funeris,
Ita moribunda iam peregit te reum.
CR. Quonam perempta uitam finijt modo?
SER. Vt filij miserum audijt casum tui,
Lacerans atroci uulnere epar occidit.
CR. Hei non in alium culpa competit hominem,
Atq; in me:ego te,ego interemi,ac miser ego.
Id dico quod res est.agite famuli,ocyus
Abducite hinc me,atq; procul amolimini,
Qui nihilo plus sum,quàm ille qui iam nullus est.
CH. Bene admones,si quid boni sit in malis,
Ac illa sunt inter mala optima omnium,
Quæ quàm celerrimo aufugere solent pede.
CR. Acceleret,acceleret:
Vltimum mihi meorum
Appareat fatorum,
Extremumq; adducat

Diem:acceleret,acceleret.
Vt ne poſt hunc alium contuear diem.
SER. *Futura omitte,cura ſit præſentium.*
Siquidem illa Dijs curæ,quibus debent,erunt.
CR. *Sed quæ uelim accidere,illa uotis comprecor.*
SER. *Nihil precare,ſtatuta enim mortalibus*
Fato calamitas præcaueri non poteſt.
CR. *Abducite è medio uirum miſerrimum.*
Qui te interemi chara mihi proles,licet
Inuitus:ac te ipſam quoque uxor.hei mihi
Miſero:oculos quò dirigam?cadauera
Vbi collocem non habeo.
Siquidem omnia aduerſa mihi conſpicor,alia
Manibus teneo,alia in caput redundant.
Ah ineluctabile inuaſit me
Dirumq́; fatum.
CHO. *Præcipua eſt ac longè prima*
Rectè ſapere felicitas.
Verùm religio ſupremi
Numinis haud eſt afficienda
Iniuria,nam cœlites poſtquam Dei
Pœnas ſumpſere ſuperbis
De ſermonibus:
Aetate docent ſapere extrema.

Σοφοκλέυς τῆς Ἀντιγόνης
τέλος.

CLARISS. VIRO
STEPHANO STRATIO
BITVRIGIBVS LEGVM
ANTECESSORI,

GEORGIVS ROTALLER.

Ic te Pegaseis Musa liquoribus   Ad Musam.
Parnassiáq; iugis Delius ar-
   ceat,
  Sic Daphneide nunquam
  Cingas tempora uirgine:
  Vt secura ruis quò libet, & sine
Delectu studijs obstrepis omnium
Castum oblita pudorem, &
Famæ prodiga candidæ.
Ecquò fers Tragici relliquias senis?
  Cui doctus proceres inter Achaicos
  Semper Phœbus honorem
  Et summum tribuit decus.
Qui quà Cecropij terra patet soli,
  Et gratus latijs hospes in urbibus
  Graio incedit amictu,
  Palláq; inclytus aurea.
Illum sic lacera non pudet in toga
  Expertem Ausonij nectaris, & malè
  Romano ore loquentem

      k   5   Clar

Clarum ferre sub æthera?
Hei quæ tu pariter uerbera perferes.
   Nemo non rigidis impetet unguibus,
   Certatimq́; cruentis
   Vultum confodiet notis.
Tunc serò patrijs te laribus uoles
   Non mouisse pedem, tunc temeraria
   Frustra optabis opacum,
   In quo deliteas, locum.
Sed si tam stolida luminis æstues
   Insanaq́; flagres cæca cupidine,
   Ne sis fabula uulgò,
   Risusq́; omnibus excites:
Cui primam ætherea lucis originem
   Olim terra dedit Belgica Stratium
   Clarum accede poëtam,
   Et Iuris gemini decus:
Quem primum puerum sub uiridantibus
   Nutriuere Deæ Castaliæ iugis,
   Et tinxere sacratum
   Fontis Gorgonei uadis.
Quem delubra Themis transtulit ad sua,
   Præfecitq́; sacris Iustitiæ libris,
   Musarumq́; sacerdos
   Diæq́; ut Themidis foret.
Illi si placeas, i pede libero

Per terras,mare per,quò rapit impetus,
　Inſanosq; frementis
　　Morſus ſpernito Zoili.
En claro ſoboles nata Agamemnone,
　Et retro proauis edita regibus,
　　Nunc Electra penates
　　Strati docte tuos ſubit.
Non ſublimis equo,nec uehitur rota,
　Non oſtro,aut tyrio murice fulgidos
　　Auris pandit amictus,
　　Nec gemmæ uariant comas:
Sed luctu atq; crebris ſquallida lacrymis,
　Fortunæq; gerens nunc habitum ſuæ,
　　Membris non ſatis apta
　　Induta eſt Latia ſtola.
Heu quò non homines præcipitat furor?
　Ad quid cæcus amor pectora non rapit?
　　Haud contenta iugaleis
　　Fœdo concubitu faces
Conſpurcaſſe,aliud iam ſceleri ſcelus
　Regina accumulans innocui impia
　　Dextram cæde mariti
　　Interſperſit adulteram.
Sic ſeſe absq; metu uiuere ſuſpicans,
　Aegiſthum tepido confouet in ſinu,
　　Et quæ rapta dabantur

　　　　　　　　　　　　　Furtimq;

Furtimᷓ oscula, nunc palàm
Figuntur, proprijs funera liberis
   Moliturᷓ necem, sed procul urbibus
   Indignatur Orestem
   Vitam degere in exteris.
Hic scrupus reliquus pectoris intima
   Vrgetᷓ & cruciat, ne ueniat patris
   Vindex, sceptra tyranno
   Vi rapta atᷓ animam auferens.
Hinc diris mulier percita Erinnybus,
   Nil præter furias euomit, omnium
   Electram esse malorum
   Fontemᷓ asserit & caput.
Sed tandem patrijs redditus urbibus
   Consultoᷓ Dei numine Delphici
   Pœnam cædis Orestes
   Inflixit meritam impijs.
Sic qui de supero conspicit æthere,
   Quæ patrant homines Iuppiter, omnia,
   Nil impune relinquit,
   Pœna est flagitij comes.
Electram hanc igitur candidus excipe
   Velata Oenotria quæ uenit instita,
   Ac sub nominis exit
   Clarus auspicijs tui.
Non noster, meritò fœtus hic est tuus,

Vi

Vt quem iam Stygijs manibus additum,
Plutoniq; dicatum
Auræ reddideris nouæ.
Sed sumes placidè, sat scio, munera,
Quæ non pro meritis offerimus tuis.
Sed multò illa minora,
Sunt nunc qualia sunt mihi.
Et qui læto animo dat, dare quod potest,
Quamuis exiguum est gratus habebitur,
Thuris sumit odorem
Vt pingueis Deus hostias.

Biturigib. I I I. Non. Aprileis,
Anno à Christo nato
M. D. X L I X.

ARGVMENTVM IN
ELECTRAM SO-
PHOCLIS.

RAPTA Helena cùm propé omneis totius Græ
ciæ principes iurisiurandi religione obstricti
in Aulide conuenissent, ut communibus uiribus iniuriam à Troianis illatam uindicarent,
Agaménon uniuersi exercitus declaratus fuit
Imperator. Is cùm animi gratia uenatum exiisset, in luco ui-
cino ceruum quendam insignem, & notis certis distinctum,
Dianæq; sacrû, interemit: ob quod facinus irata Dea copias
omneis tempestate detinet, ut neq; domum redeundi, neque
quò destinauerant proficiscendi facultas esset. Itaq; consulto
numine iram Deæ placari posse Vates negauerũt, nisi Agamemnon loco cerui interfecti filiam suam Iphigeniam ui-
ctimam immolaret. Quod cùm factum esset, belloq; Troiano
confecto domum rediisset, ab uxore Clytemnestra instinctu
Aegisthi, quem sibi belli tempore adulteru.n asciuerat, necatur. Necem patris indigné ferens Electra generoso prædita animo uirgo, metuensq; ne eadem quoque crudelitate in
Oresten grassarentur, infantem etiãdum: eum clàm in Pho-
cydem ad Strophium ablegat, ut ibi enutritus ultor paternæ
cædis adulta aliquando ætate reuerteretur. Multis autem annis elapsis cùm uariis quotidie à matre contumeliis incesse-
retur, neque quicquam comperti exploratiq; de Oreste ha-
beret, iam profligata desperataq; salute extrema molitur. Pre
cibus, ira, minis, omnibus denique modis Chrysothemidis
animum oppugnat, eoq; pertrahere conatur, ut, si Orestes nó
redeat, ipsæ patris necem sua manu ulciscantur. Sed mollio-
re animo prædita soror, suo se pede metitur: neque hoc uir-
ginum opus esse: se omni præsidio destitutas, tyrannicæ potentiæ resistere non posse, multaq; alia prætexit, quibus & se
purgat, & Electram ab eo proposito conatur abducere. Verùm illam in concepta semel sententia persistere & pietas
erga patrem hortatur, & flagitii magnitudo indignitasq; ex-
timulat: mortemq; oppetere quàm scelus tam nefarium inul-
tum

tum relinquere, honeſtius ducit. Vigeſimo tandem poſt interemptum patrem anno, diu ſperatus, ac iam deſperatus, Argos Oreſtes cum Pylade à Pædagogo reductus clàm uenit. Vt autem id quod moliebantur commodius tutiusǫ; perficere poſſent, edocti Apollinis oracula, falſos rumores Clytemneſtræ de morte filii adfert Pædagogus, quem ad modum in Pythicis certaminibus occubuiſſet: quoǫ; certior dictis fides eſſet, uaſculum apportant in quo Oreſtis cineres reconditas iacere fingebant. Illa igitur læta morte illius quem ſolum metuebat uindicem paternæ cædis futurum, Electræ perpetuò fratris ſortem deflenti, quàm ſolet, inſolentius inſultat. Sed Oreſtes tandem ϛοργῇ fraterna motus ſe ſorori aperit, ac Clytemneſtram, quæ Aegiſtho in ſuburbanum profecto domi ſola erat, occidunt. Aegiſtho reuerſo, qui iam de aduentu hoſpitum Phocenſium ac obitu Oreſtis rumores acceperat, oſtendunt cadauer Clytemneſtræ: quod cùm tectum eſſet, Oreſtis eſſe ſuſpicatur. Dolo autem cognito, in eodem, quo Agamemnonem interemerat, loco necatus, dignas ſui ſceleris pœnas perſoluit.

ACTIO *fabulæ Argis fingitur:*
Chorus ex indigenis uirginibus constat.
Præloquitur pædagogus.

PERSONE FABVLAE.

PAEDAGOGVS.

ORESTES.

ELECTRA.

CHORVS *ex indigenis uirginibus.*

CHRYSOTHEMIS.

CLYTEMNESTRA.

AEGISTHVS.

SOPHOCLIS

ELECTRA,

GEORGIO RO-
TALLERO IN-
TERERE-
TE.

PAEDAGOGVS.

ROLES *Atridæ Agamemno-*
nis summi ducis
Cùm Danaa peteret Pergamas
classis domos,
En nunc tibi coràm intueri ea
licitum est,
Quorum fuisti semper antè maximè
Cupidus.id Argos est uetus,quodǿ; toties
Desiderasti.illic at Asilo percitæ
Furente uirginis stat Inachiæ nemus.
Porrò ô Oresta hoc est Lycæi Apollinis
Forum.ad sinistram ueró cernis inclyta
Delubra Iunonis.at eo,ubi consistimus
Nunc loco,opulentas te Mycænas cernere
Existima,diramǿ; Pelopidûm domum
Multa cruentam cæde & exitio:unde te
Ego,parens cùm olim interimeretur tuus,
Tua à sorore traditum mihi,abstuli,
Seruaui,& educaui ad huius tempora

1   *Aetat*

Aetatis usq;,qua paternæ ultor necis
Existere queas.Nunc igitur Oresta mi,
Ac tu quoq; hospitum mihi charißime
Pylades,agendum quid sit,opus est celeriter
Deliberare:nam coruscum splendidi
Solis iubar auium diurnos excitat
Suaueisq; modulos:nox fugatis humida
Seceßit astris.Nunc igitur,ex ædibus
Hominum aliquis pedes priusquam proferat
Consilia sunt ineunda.nam quo est nunc loco
Non patitur ullam res moram.est properato opus.

ORESTES. Minister ô charißime, ut signis tuum
In nos amorem ostendis euidentibus.
Nanq; generosa ut præditus equus indole,
Et si grauetur debili senio,tamen
Non rebus abijcit impetus in asperis,
Sed acer arrectis stat auribus:ita tu
Nos excitas periculaq; primus subis.
Consilium itaq; tibi statim meum aperiam,
Tu dicta fido nostra conde pectore.
Et si loquar quid fortè non sat commodè:
Aut sicubi aberraro,tuum est,me ut corrigas.
    Oraculum simul atq; ueni ad Delphicum,
Vt sciscitarer quo modo necem patris
Vlturus essem,atq; meritos autoribus
Cædis cruentæ infligerem pœnas:ea
Nunc qua audies monuere Phœbi numina,

Nulla uel armorum, uel exercitus ope
Munitus, infidijs, doloq́; fumito
Supplicia iusta.   Cùm igitur hoc fit editum
Oraculum: tu, temporis opportunitas
Vbi uidebitur, domum ingredere, ut scias
Quo se modo res habeat. & ubi resciueris,
Mox omnium nos certiores reddito.
Etenim senectus, atq́; longi temporis
Obstabit ætas, quo minus te agnoscere
Poterint: nec ulla suspicio de te incidet.
Atq́; hoc quidem sermonis utere genere.
Te ex Phocide hospitem uenire à Phaneteo
Missum: ille enim est arctissimo ipsis uinculo
Iunctus necessitudinis. neq́; dubita
Nil iureiurando fidem dictis tuis
Astruere. Orestem nuper è pernicibus
Lapsum quadrigis Pythico in certamine,
Cessisse fatis morte uiolenta: sub hac
Persona enim securè agetur fabula.
Nos interim, Phœbus uti iussit, ad patris
Libabimus tumbam, recisisq́; capite
Ornabimus comis. deinde referemus huc
Gradum, manu æreum ferenteis uasculum
Quod scis iacere sub uepre alicubi conditum.
Mendaci uti rumore lætum nuntium
Et feramus, corpus ignibus meum

Consumptum,& in atros iam redacta ossa cineres.
Quid enim hoc mihi queat nocere,mortuus
Verbo quidem si fuero,re autem uixero,
Atq; ipse me magnam reportans gloriam
Seruaro?nullum enim mihi dictum malum
Videtur esse quod modò sit utile.
Nanq; ipse uidi sæpe magna præditos
Sapientia uiros inani mortuos
Rumore dictos,posteaquam redierant
Patrias ad ædeis ampliorem gloriam
Fuisse nactos.de me ita quoq; quod queam
Iactare nunc & gloriari famam ob hanc
Habeo:futurum,ut cùm meus erit hostibus
Oblatus aspectus, sereno uti polo
Sydus micat,ita eis ego quoq; luceam.
    Sed ô solum natale,Dijq; patrij
Excipite fausto me omine,atq; prosperi
Fauete cœptis:tuq; patris Regia,
Tua huc enim incitatus à Dijs gratia
Veni,ut quod æquum fasq; postulant,patris
A cædibus te iam cruentis expiem:
Ne me precor telluris huius finibus
Ne qua notatum infamia dimittite:
Sed præficite opibus,& paternæ regiæ.
    Atque hæc quidem hactenus.Senex tu muneris
Quod est tui facito uti cures sedulo.

Nos hinc abimus, temporis opportunius
Ne diffluat: siquidem hæc operis est optima
Magistra cuiusuis, & incœpti artifex.
ELECTRA. Hei me miserrimam.
PAEDA. Lugubria famulæ alicuius audire uideor
Lamenta, Oreste, regiæ in tectis domus.
OREST. An'ne misera est Electra? uis pariuper hîc
Moremur, ut fletum audiamus lugubrem?
PAEDA. Minimè, nihil prius nobis sit atq; Loxij
Complere iussa Apollinis, nam ab his erunt
Sumenda principia: atq; sacro ante omnia
Tumulum parentis irriga libamine:
Non dabium enim ista conferent uictoriam.

ELECTRA.

Anapæst. uarii generis.

O Lux pura & fulgida
Aequisq; ab humo distans undiq;
Interuallis æther,
Tristeis ô quoties sonos,
Nox cùm cæca recessit,
Audisti, inq; uicem feris
Sanguinolenta feriri
Pectora palmis.
At quid agam per longæ
Tempora noctis? domibus positus
In sceleratis conscius est thorus.

Quantum tristia cæsi lugeam
Fata parentis:quem Mars atri
Sanguinis auidus Phrygiæ barbara
Per iuga terræ haud cædere naluit:
Huic mea mater eodem quoq; nunc
Thalamo cubat Aegisthus,
Vt ramosa in syluis quercus
Cæditur altis,caput infesta
Dissecuere bipenni.
Nec mouet ullum casus
Tam miserabilis,in me solam
Ille redundat.Te pater adeo
Perfidè & insidiosè
Lugeo cæsum.
Nunquam diri finem gemitus
Nec lacrymarum faciam.
Dum rutilantia cernam sydera,
Dum iubar istud splendidum
Sum uisura diei.
Non aliter quàm Daulias ales
Tristeis fundam gutture cantus,
Vt noti tandem omnibus
Resonent patrias gemitus ad fores.
    O Erebi domus & Proserpinæ
O terrestris Mercuri,
O Dea uindex,uosq; Deorum

Stirpe creatæ Eumenides
Sceleratè facta omnibus in locis,
Quà patet orbis, cernitiꝗ omnia.
Quiꝗ iniusta cæde necantur,
Aut furtiuo qui concubitu
Sacri fœdera uiolant thalami;
Huc properate, auxilium ferte;
Sumite pœnas, illum occidite
Qui temerauit se mei
Cæde parentis.
Dilectum mihi mittite fratrem:
Tantæ siquidem pondera molis
Neꝗ ego immensum sola dolorem
Valeo ferre.

CHORVS mulierum indigenarum.

Hei infanda filia matris
Quid continuis miseram questibus
Te sic conficis?
Perpetuò patrem luges, dextera'
Nuper matris perfidè ademptum
Insidiosè atꝗ impiè.
O utinam istius stragis autor
(Si modò fas sit concipere mihi
Talia uotis) pereat pessimè.
ELEC. Claro ah natæ stemmate uirgines
Huc nostros lenire dolores

Solamenq; mihi adferre uenitis,
Scio id ac intelligo, nec me fugit.
At, sic statui, haud cessabo unquam
Miseram patris lugere necem.
Quapropter uos edoctæ optimè
Fido in amore rependere gratiam,
Luctibus, ah rogo, sinite indulgeam.
C H O. At neq; lacrymis nec precibus tuis
Excire specu Tartareo queas
Genitorem unquam: moderatum itaq; hîc
Par est esse dolorem, quando
Nulla arte malum uitare queas.
Quod nisi facias te frustra fero
Luctu conficies. quid uanis
Te sic lacrymis maceras?
E L E C. Sensu caret, ac excors ille est,
Quisquis nullo funera planctu
Libat mœsta parentum.
Sed mihi mœsta placet auis,
Iouis altifremi nuntia
Quæ plorans Ityn
Ingeminat Ityn.
Eheu Niobe misera
Diuis te immortalibus æquo,
Quæ perpetuis tumulum saxeum
Lacrymis irrigas.

CHO. *Non tu sola hoc carpere luctu*
Filia,at immoderatius alijs,
Quibus est tecum hic communis dolor,
Discruciare,Chrysothemis
Viuit & Iphianassa.
Occulteq; dolet Orestes simul.
ELEC. *O ter Orestem felicem,& quater,*
Quem mox aduenientem
Cum pompa atque triumpho celebrem
Excipiet terra Mycænensium.
Illum singulos
Expecto in dies.
Dulciq; carens fructu prolium
Innupta infelix etiamnum
Lacrymisq; humens semper obambulo,
Omnibus infestam malis
Immensamq; uiam tero.at ille
Non meminit mei
Nec beneficia
Secum reputat,uel quæ literis
Ex me didicit?
Quod enim allatum est ab eo nuntium
Non uanis plenum rumoribus?
Huc semper enim ille uenire expetit,
At nunquam animum inducit,ut
Ingrediatur iter semel.

l 5 CHO.

CHO. *Sis forti animo filia, fide:*
Magnus Olympum Iuppiter incolit:
Is uidet & regit omnia:
Illi hanc uehementem iram
Sæuumq; animi committe impetum:
Nec plus quàm satis est fræna odijs
Laxa, nec prorsum excute pectori.
Tempus, commodus est Deus,
Mitigat omnia.
Aliquando expectatus ueniet
Phocydis altricis boum
Qui colit arua
Agamemnone progenitus.
Ac qui Stygijs imperat oris
Terga premet Deus hostium.
ELEC. *Atqui sine spe maxima nostri*
Portio iam nunc transijt æui.
Confectum mihi curis cor stupet,
Pereo misera orbata parentibus,
Nusquam firmus amicus est.
Sortis ut infaustæ aduena patrijs
Tractor in ædibus.
Nullius æstimor assis.
En, en, uesteis sordidas,
Vacuisq; domi assisto mensis.
CHO. *De reditu uox nuntia patris*

Tristis

Tristis fuit, & non tristis minus
De secretis fama cubilibus.
Aduersa cùm in illum plaga irruit
Nil metuentem inflicta securi.
Inuenit fraus hoc scelerata
Consilium, cædisq; Cupido
Extitit autor. sæuam sæuis
Animis concepit latrocinij formam
Siue fuit Deus ille,
Seu quisquam mortalium,
Qui patrare est ausus talia.
ELEC. O lux nobis omnium
Infestißima meritò,
O nox, ô epulæ execrabileis,
Atque nefandæ, horrenda calamitas,
Ah mors atra parentis gemina
Illata manu. uitam eripuit
Illa quoque mihi, prodidit hostibus,
Ac me perdidit.
Sed summus qui regnat Olympo
Vltrices Deus illis pœnas
Precor infligat. gloria nulla,
Nulla illos uoluptas mulceat,
Talia quando facta patrarunt.
CHO. Caue ne plura loquaris,
Nunquid tecum reputas animo

Quibus è fortunis in qualia
Turpiter adeò damna incideris?
Plus tibi semper cumulas luctuum,
Et paris animo prælia duro.
Non hæc contra debent principes
Peragi iurgijs.
ELEC. Huc me grauibus compellor malis,
Grauibus compellor malis
Me conuertere noui, nec latet
Impetus animi, ac ira me.
Ast immensis quassa doloribus
Non mihi tempero, nec dum lumine
Perfruar ætheris
Constituam modum.
Nam ex quo chara mihi progenies,
Ex quo tandem delectabile
Audire unquam potero uerbum?
Ex quo sapiente opportuna
Sperem nostris dicta doloribus?
Ah desistite consolari,
Rogo desistite:
Nam luctus perpetuus
Iste uocabitur.
Nec ab his unquam requiem ærumnis
Capiam, lacrymas, ut cernis, sine
Numero semper & ordine fundam.

CHO. Atqui mota tui hortor amore
Et fida quidem ueluti mater,
Aerumnas ne ærumnis cumules.
ELEC. At noſtri rogo quis modus eſt mali?
Age nunc, dic mihi, quî ſit honeſtum
Nullis defunctorum uita
Carpi curis? cuinam hæc homini
Ingenerata eſt feritas uſpiam?
Haud mihi uanus luctibus iſtis
Captatur honos: non equidem, ſi
Thalamis eſſem iuncta iugalibus,
Et honeſto homini, uiuere poſſem
Tranquillè unquam, nec cohibere
Mœſti celeres alas fletus.
Meritò functis iſte parentibus
Libatur honos.
Verùm ille quidem uitæ caſſus
Lumine, ſi in nihilum fuerit miſer
Morte redactus, neque rurſum illi
Iuſtas ſoluant cædis pœnas,
Effluet omnis pudor, & pietas
Homines inter nulla futura eſt.

CHORVS.
Iambici Trimetri.

EGo quidem mea ſimulq́ʒ etiam tua
O filia, huc iam gratia me contuli.
Si quid minus fortaſſe, rectè dixero

Tu uince, nos pariter tibi parebimus.

E L E C. *Pudet quidem me fœminæ, si nimium queri,*

Nimijsq́; uobis concitari luctibus

Videar.quid autem agam?hoc facere uiolentia

Me cogit.ignoscite,date ueniam precor:

Quî fieri enim queat,ut sata genere nobili

Animoq́; prædita generoso filia,

Paterna damna conspicans quæ ego,dies

Seu luceat,seu nocte contecta lateat,

Mage pullulare semper ac marcessere

Videre cogor,non faciat eadem quæ ego?

  Primò quidem quæ enixa me est mater,mihi

Vult pessimè,me odit hostilem in modum.

Dein meis in ædibus cæsoribus

Conuino patris,subditaq́; eis aspera

Fero imperia:ab his sumere necessaria

Quæcunque sunt compellor:at qualeis putas

Me agere dies,cum considentem patrijs

Video thronis Aegisthum,amictumq́; insuper

Quibus antea ornatus pater erat uestibus?

Domesticaq́; eo in loco libamina

Fundentem ubi trucidauit illum perfide?

Ac quæ uideri extrema contumelia

Queat omnium,cùm patris in cubilibus

Video latronem matre cum miserrima,

Si fas sit appellare matris nomine,

Hanc

Hanc quæ nefando cum hoc homine cubat,& eò
Peruenit impudentiæ,impurißimo
Vt se societ & execrabili uiro.
Non uindicem metuens aliquam Erinnyn:at uelut
Re laude gesta digna risit,& patrem
Illo dolose quo meum necuit die
Sanxit choros,& immolauit hostias
Ac dijs dicauit sacra tutelaribus
Per singulos celebranda menseis.atque ego hæc
Infausta ego cùm conspicor,illacrymo
Per tecta paßim gemo,miserrimas fleo
Patris epulas mecum tacita:nec enim licet
Quantum libet,& animo est uoluptas,lacrymis
Dolorem acerbum explere,generosa hæc enim
(Si dijs placet)mulier mihi procacibus
Huiusmodi exprobrat sonis.O impia,&
Inuisa Dijs,soli est pater tibi mortuus,
Te præter haud est quispiam in doloribus.
Malè pereas,nec hisce te unquam luctibus
Dij liberent precor inferi:ac huiusmodi
Effundit in me plena contumelijs.
Atqui affuturum quando Oresten ab aliquo
Audit:statim furore percita intonat,
Non tu mihi horum ex causa?non tuum est opus?
Surreptum Oresten clanculum ex manibus meis
Nunquid alias misisti in oras pessima?

Verùm

Verùm id tibi confirmo,digna huiuſmodi
Supplicia dependes ſceleribus.talia
Latrat impudenter:at propè aſtans incitat
Inſignis illam ſponſus,hominum maximè
Sceleratus omnium,impotens,peſtis mera:
Qui non niſi adiutus ope mulierum fuit
Pugnas inire unquam auſus ullas.Aſt ego
Deſideratum fruſtra Oreſten hactenus
His qui malis finem ſtatueret,arbitrans
Huc affuturum miſera pereo funditus.
Moliri enim cum quippiam uolo,illius
Cunctatione ſpes mihi omneis corruunt.
His igitur in tantis malis,ô fœminæ
Chariſſimæ,haud facile eſt modeſtè agere mihi
Aut colere pietatem.Sed in tantis malis
Ad mala patranda me neceſſitas agit.
C H O. *At age mihi dic,paulò ut loquamur tutius,*
Aegiſthus eſt'ne nunc domi,an abijt foras?
E L E C. *An ne putes ſi eſſet domi me nunc foras*
Prodire poſſe.Se ille in agros contulit.
C H O. *Liberius igitur mutuis ſermonibus*
Poterimus uti:ſi modò ita ſe res habet.
E L E C. *Diſceſſit,ea quæ ſcire poſtulas roga.*
C H O. *De fratre quæro,num affuturum eum putes?*
E L E C. *Dicit quidem,atqui uerba re nõ comprobat.*
C H O. *Plerunq; tardant molienteis ardua.*

                                E L E C.

ELEC. *At quãdo eum seruabã ego, tarda haud erã.*

CH. *Bono es animo, qua est indole, auxilium feret*

Suis amicis.

ELEC. *Credo, speroq́, atque spe*

Hac destituta si fuissem, haud uiuerem.

CH. *Sile, nec adde uerbum: eodem patre satam,*

Ac matre eadem, iam sororem conspicor

Tuam Chrysothemin egredi, ac dextra sua

Imis ferentem quæ sacrantur manibus.

CHRY. *Quas rursus hîc soror ante uestibula domus*

Edis querelas, atque clamosos sonos?

Non potuit te temporis longinquitas

Docere, uano haud esse uana pectori

Impertienda? ego quæ mihi sum conscia

Id assero, rerum ob statum præsentium

Dolore. adeò luctuq́; me magno affici

Vt si potestas suppetat, & animo suæ

Respondeant uireis, statim re ostenderem

Qualem erga eos animum geram. at nunc tot malis

Cùm sim inuoluta, hauigare carbasis

Contractioribus necesse est, ac ita

Existimare: si mali quid moliar

Pœnam uicißim me repensuram. idq́; te

Meditatam habere, atq; alia facere soror uelim.

Quanquã haud quidem sum ignara, nõ quæ nũc ego,

Sed iusta quæ tu iudicas esse omnibus.

m At

At liberè si uiuere, ut decet, uelim,
Principibus omnibus modis parendum erit.
ELEC. Graue ac iniquū id est, patrem te iam tuum
Obliuioni tradere, ac huius matris
Curam gerere: nanq; huc tua monita redeunt
Ac dicta spectant omnia: nec ex te illa habes,
Mater magistra est. dein uide utrum deligas
Horum potissimum: aut sapere malè, aut tuos
Negligens amicos sapere bene, quæ iam quidem
Paulò antè iactabas. Si adesset par tibi
Robur animo, quod erga eos geris odium
Ostenderes. scrutanti at omneis mihi uias
Quibus nefandam patris ulcisci necem
Queam, adeò nullam fers opem, ut etiam meo
Conatui obstes, & aliò deflectere
Satagas. quid? ignauum an metum id non arguit?
Aut igitur à me discito, aut tu me doce
Ab hisce si nunc temperem mihi luctibus,
Quidnam precor lucri feram? nunquid fruor
Vita? scio quidem calamitosa, sed mihi
Quæ perplacet, modò faciam illis ægrè ita.
Id enim urit illos, mortuum quòd hunc colam,
Tribuamq; honores, si qua sit ibi gratia.
At tu quidem præ te odia uerbis cùm feras,
Re parricidis cum scelestis uictitas.
Ac si mihi quis uellet ista munera

Ferre

Ferre preciosa,culta tu quibus nites,
Non possem in animum inducere ut eis cederem.
Tibi collocetur mensa diues,affluas
Vberrima rerum beata copia:
Tantum mihi,natura quantum postulat,
Cibi satis sit:non tuos desidero
Cultus soror,honores'ue:quos nec tu quoque
Desiderares,recta si mens tibi foret.
At omnium cùm nomineris optimi
Patris,bonaéq; gnata matris,plurimis
Eo uideris esse praua nomine,
Cùm mortuum prodas patrem,& amicos tuos.
C H O. *Ne per Deos acerbius quicquam precor*
Loquaris ira concita:est utriusq; enim
Non paruus in sermone fructus,si quidem
Dictis uelis tu illius obsequi,ac tuis
Parêre non recuset illa hortatibus.
C H R Y. *Assueta sum conuicijs huiusmodi,*
O foeminæ,dudum:nec iracundiæ
Iam mentionem facerem ego,nisi malum
Magnum aliquod imminere ei audissem:malum
Quod lacrymis longis facilè statuet modum.
E L E C. *At dic precor,quodnã malũ narres : si enim*
His maius aliquod dixeris,obediam tibi.
C H R Y. *Dicã tibi quod quidẽ ego scio.statutũ id est,*
Vt te,nisi his tu fletibus tibi temperes,

Mittant eum in locum, ubi aureum nunquam iubar
Sis splendidi aspectura Solis: niuaq;
Inclusa turri opaca. & hoc exul solo
Tecum tuas ut calamitates concinas.
Hæc nunc apud te expende, caueq; in posterum,
Si quo malo affligare, ne in me conferas,
Culpam: sapere opportunitas nunc postulat.

ELEC. Stature'ne sic agere mecum, uelut ais?

CHRY. Sic est, reuersus ubi erit Aegisthus domum.

ELEC. Quamprimũ itaq; ueniat, ueniat hoc si uelit.

CHRY. Ah quid misera ais? quos soror profers sonos?

ELEC. Maturet huc uenire, si quid tale nunc
In me struat.

CHRY. Satis'ne sana? siccine
Mori tibi uolupe est?

ELEC. Vt à uobis procul
Hinc fugere possim.

CHRY. Non tuæ curam geris
Magis anxiam uitæ?

ELEC. Expetenda scilicet
Ac prorsus admiranda mea uita omnibus.

CHRY. Talis futura est, disce modò bene sapere.

ELEC. Ne me doce ut amicis iniqua sim meis.

CHRY. Minimè, sed ut dominis geras morem tuis.

ELEC. Tu potius assentare, consentaneum
Id moribus non est meis.

CHR.

CHRY. *Pulcherrimum est*
Non ruere consilio malo.

ELEC. *Si sic opus*
Fuerit,ruam,parentis ulciscens necem.

CHRY. *Ignoscet ista & si neglexerimus pater.*

ELEC. *Laudanda nequaquam tua hæc oratio est.*

CHRY. *Non tu mihi parebis,aut consenties?*

ELE. *Id absit.haud ego sanæ adeò mentis sum inops.*

CHRY. *Pergo itaq; recta missa qua futuia.*

EL. *Sed quona abis, quona sacra hæc adolenda fers?*

CHRY. *Libare me ad tumulum patris mater iubet.*

ELE. *Quid ais?uiro'ne huic omnium inuisisSimo?*

CHRY. *Quem occidit ipsa,sic uolebas dicere.*

ELE. *Aequo facit persuasa?cuinam placuit hoc?*

CHRY. *Visis opinor noctis huius territa.*

ELEC. *O dij penates nunc opem ferte obsecro.*

CHRY. *Quid hinc tibi accreuit animi,aut fiduciæ?*

ELEC. *Si spectra narres,mox tibi explicauero.*

CHRY. *Non potero rem plenè referre,at tenuiter.*

ELEC. *Refer ut potes,nam dicta sæpe tenuiter*
Fecere labi hominem,atq; iam in præceps datum
Tanquam data rursus leuauerunt manu.

CHRY. *Patrem tuũ ac pariter meũ æthereas ferunt*
Emersum in auras,esse conspectum matri:
Qui simul ut accepit,manu olim quod solet
Gestare,sceptrum,(nunc sed Aegisthus gerit)

Defixit illud humo: quid illico uiride
Summo protrusit germen è cacumine,
Inq́; patulas, res mira, luxurians comas
Vmbra uniuersum texit Argiuûm solum.
Sic nanq; cognoui ex eo qui tum adfuit,
Ad orientis uersa cùm Phœbe iubar
Nocturna spectra exponeret. tantum hoc scio:
Misitq́; me huc, nisi metu perterrita.
ELEC. Per nunc Deos te patrios precor, mihi
Obtemperes, neu consilij inopia cadas.
Quòd si repudiaueris me, postmodum
Tuo huc, scio, malo recurres, ac meam
Eblandieris opem. Sed ô charißima
Mihi soror, ne manibus ea quæ nunc geris
Accommodes sacra tumulo: neq; enim id tibi est
Fas, nec pium hostili à muliere mortuo
Patri profectas soluere exequias. sed aut
Diffunde in auras, aut sub effossa tegas
Profundè arena. ut quid ad tumulum patris
Perueniat, alicubi ut reconditum, uelut
Cymelion quoddam, illius potius neci
Seruetur. at, uerum quod est, si expenderis,
Temeraria nisi fœminas audacia
Superaret omneis, nunquam eum quem perfidè
Necauit, exornaret hoc libamine.
Considera, ac tecum reuolue, an illius

Accep

Accepta sint futura dona manibus,
Abs qua peremptus indecorè atque in modum
Truncatus hostilem fuit, cœnaq; sub
Tempus cruentas balneo abstersit notas.
Hæc posse cædem tu expiare existimas?
Erras. sed hæc omitte. quin sectis tuæ
Meaq; summis partibus soror comæ,
Parua hæc quidem, uerum tamen qualia,
Hos squallidos ei capillos offeres, habeo,
Atq; arte nulla hoc expolitum cingulum.
Prostrata humi interim, obsecrabis eum, ut uelit
Adesse nobis beneuolus, contraq; uim
Emergere hostilem inferis è sedibus.
Precare quoq; Orestes ut adueniat manu
Instructiore in hostium fortis necem
In posterum quò ditioribus his eum
Munusculis ornemus. Equidem existimo
Neq; hîc opinione fallor, rem hanc ei
Curæ esse, quòd eam eiusmodi iam insomnijs.
Vexauerit: uerum soror in his pareas
Ac da mihi operam, & omnium charißimo,
Obscura qui Stygijs loca incolit, patri.
CHO. Pia admodum sunt quæ soror dicit tua.
Quare obsequeris, si modò sapies, ei.
CHRY. Parebo: nam res iusta cùm est, quid attinet?
Obsistere, aut contendere diu? est facto opus

m 4   Ac

Ac festinatione, & aggressura cùm
Hæc sim, ô amica, per Deos quæso mihi
Præstetis ut silentium. nam si ista fors
Rescisceret alicunde: mater, haud meo
Magno sine malo abiret: inobedientia.

CHORVS.

Anapæstici Trochaici.

NI Vates sim stulta,
Atque sana destituta
Mente, non longo pòst
Tempore uindex Iustitia aderit
Meritas inferens
Manibus pœnas. hanc mihi
Spem, hanc fiduciam
Grata præbuere noctis
Spectra. nunquam enim Pelasgûm
Rex, qui te progenuit,
Immemor futurus horum est,
Nec uetus atq; bipennis
Anceps, qua miser ictibus
Occubuit laniatus atrocibus
Tempore ullo conticebitur.
Multipes aderit, multaq; manu
Furiosa, infestis abdita
Latebris ferrea Erinnys

Sanguinolentas dirasq́; impetet
Atq́; inauspicatas
Infandi thalami faces.
Magna quare me tenet spes,
Ominaturos sinistrè
Quicunq; his de spectris audient,
Ac cedent in perniciem omnium
Autores ac adiutores
Qui fuere cædis.
Nil,nil ueri uatum continent
Responsa,nihil Diuûm oracula,
Nec habent ullum somnia pondus,
Irrita si hæc sit noctis imago.
O laboriosa
Aurigatio quondam Pelopis,
At quàm flebilis huic telluri
Quàm extitisti calamitosa.
Tempore enim ex illo,quo
Sæuo Myrtilus obrutus æquore
Dirasq́; per iniurias
Præceps datus ex aureis
Prouolutus est quadrigis,
Semper ærumnæ hanc domum
Flebileis exercuere.

CLYTEMNESTRA.
Iambici.

m   ſ   Secura

SEcura rursus susq; deq; obambulas,
SVti uideo, Aegisthus enim abest, qui te solet
Cohibere semper, ne quam amicis turpiter
Vsquam foras progressa inureres notam.
At ille nunc peregrè cùm abest, reuerentia
Nulla mei moueris: uerùm plurima
Et falsa de me prædicas uulgò, ut malè
Regnum gubernem, & , quàm decet, sim audacior:
Qua contumelia, quibus semper probris
Te pariter & tua afficiam. at unquam nihil
A me subortum est tibi mali. comuicijs
Excepta, dicta in te regessi maledica.
Solus enim in ore perpetuò tibi est pater,
Nec præter hunc est litium ulla occasio.
Quòd ille nempe mea necatus est manu:
Mea, scio: nec cur id inficias eam
Est ulla causa. non tamen ego sola, sed
Vindex eum Iustitia sustulit: cui
Ferres opem, ac obtemperares, si modò
Vel mica sani tibi reliquum foret animi
Quando parens iste tuus, ullo quem sine
Fine aut modo luges, sororem olim tuam
Solus Pelasgûm dedere neci sustinuit,
Dijsq; immolare, non pari mecum iugo
Subactus is dum gigneret, quo ego fui
Dum eniterer. Sed esto. tu dic interim

Quamnam ipfe eam immolarit ob caufam,inquies.
Fortaffe Graiorum.unde uerò ipfis erat
Ius hoc,meam necare?fin ob gratiam
Fratris fui,impune ne trucidaret meam?
An non & illi gemini erant fuperftites
Tum liberi,quos iuftius fuerat mori
Patre ac eadem matre progenitos,ob hanc
Cùm fuerat inftituta nauigatio?
Herebum'ne maior cupiditas inceffcrat
Meos uorandi quàm fororis liberos?
An filiæ reiecto amore propriæ
Curam decebat gerere fratris?fed patris
Stulti ac maleuoli hæc figna funt clariſſima.
Sic puto quidem ego:licet aliter tu fentias.
Atq; ipfa quæ fuit perempta,fi modò
Vox fuppetat,idem,quod ego,diceret.itaq;
Me cædis hauddum pœnitet.Sed fi tibi
Videar fouere caufam iniquam,cùm interim
Bene fentiam,probris amicos impete.
E L E C. Non nunc,opinor,initium feciffe me
Dices malè loquendi,ipfa quando exorfa fis:
Sed,fi id mihi per te licebit,mortui
Caufam parentis & fororis agam fimul.
C L Y. Permitto.uerùm orationem fi hac tuam
Semper fuiffes aufpicata formula,
Nunquam molefto te notaffem nomine.

ELEC. *Ais patrem necaſſe te meum.cedo,*
Sceleratius iam excogitari quid queat,
Dictu've probroſum magis?ſeu iure ſeu
Iniuria id factum foret?porrò nego
Iuſtè interemptum:iſthoc te adegit ad ſcelus
Perſuaſio uiri omnium turpiſsimi,
Quicum tibi etiam nunc uoluptas uiuere eſt.
Venationi deditam roga Artemin,
Quare notis furentibus detenta ſit
Claſsis Pelaſgûm in Aulide,aut potius tibi
Ego explicabo:nanq; fas exquirere id
Non eſt ab illa.   Rumor eſt,patrem meum
Sacrum Dianæ cùm petiuiſſet nemus
Curis grauata quò reficeret pectora,
Signatum,& arduis uigentem cornibus
Ceruum excitaſſe.dumq; mactaret,aliquod,
Fortaſſe gloriatus inſolentius,
Prorupit in uerbum,ob quod irata grauiter
Tenuit Pelaſgas Diua in Aulide copias:
Cæſæq; iuſsit ut loco feræ pater,
Factum ut fuit,ſuam immolaret filiam.
Nec enim alia ad Troiam patebat aut domum
Via.Sic diu multumq; luctans uix fuit
Tandem huc adactus,uictimam ut talem Deæ
Offerret.haud fratris ſui cauſa fuit
Commiſſa cædes.quod tamen ſi nunc foret

                                    Factum,

Factum, mori ne tua decebat eum manu?
Qua quæso lege? huiusmodi leges caue,
Ne dum statuis hominibus accersas tibi
Ipsi mala atq; pœnitentiam. Si enim
Sit talio referenda, & alter pro altero
Necandus, ipsa iure sanè æquißimo
Nunc morte mulctarere prima. Sed uide
Fucum ipsa ne facias tibi. Si enim uoles,
Doce, precor, cur omnium turpißimum
Sis ausa moliri scelus? cum adultero
Concumbis illo cuius-usa fuisti ope
In patre perimendo meo, & nunc liberis
Datis operam, ac pios, & ex pijs satos
Exterminas. quo'nam ista pacto prædicem
Aut laude digna existimem? fortè inquies,
Certum est necem sic uindicare filiæ.
Turpe id, neq; ratione subnixum proba,
Alienum id ab honestate causa filiæ
Conglutinare parricidas nuptias.
Sed amplius nihil additura sum, mea
Cùm adeo h nd queas tolerare monita, ut illico
Lingua exacuta ubiq; pergas me matrem
Conuicijs lacessere. at te ego potius
Dominæ puto ac dignam matris uocabulo:
Qua uitam ago ærumnis refertam, atq; miseris
Doloribus, uexata contumelijs

Semp

Semper nouis abs te, ac marito illo tuo.

At ille qui uix per fugam manus tuas

Euasit, exteris in urbibus miser

Infaustam Orestes uitam agit, quem me tui

Nutrire uindicem usq; conqueri soles.

Hoc me eo animo fecisse tibi persuadeas,

Vtinamq; adhuc uotis meis respondeat

Euentus. age nunc me palàm, si sic lubet,

Traduce pessimam, impudentem, garrulam.

Si istis enim natura me ornat dotibus,

Haud facile dicar à tua indole degener.

CHO. Vt spirat iras! quæ modò iustæ sient,

Quanam queant ratione leniri haud uideo.

CLYTE. Ego'ne illius possem affici cura, matrem

Indignè adeo quæ contumelia afficit?

Et maximè cùm uirgo sit, supremam id an

Non egredi uidetur impudentiam?

ELEC. Et nunc quidē me horum pudet, quanquā tibi

Secus uidetur. Sentio multa facere

Me præter id quod aut mea ætas postulat,

Aut conditio. uerùm tua maleuolentia,

Tua flagitia uiolenter huc me protrahunt.

Nam facta uerba etiam sequuntur turpia.

CLYT. O prostituti opus pudoris. an te ego,

Dictáq; mea, ac mea facta sic cogunt loqui?

ELEC. Tu dicis, haud ego. abs te opus proficiscitur,

Factísq;

Factisq; nunc uerba etiam adaptantur sua.

CLYT. Sed Diua sic me perdat Artemis, haud tibi,
Haud cedet impunita tanta temeritas,
Simul atq; nunc redierit Aegisthus domum.

ELEC. En quas in iras proruis? non sustines
Audire quicquam cùm loqui permiseris.

CLYT. Non me sines libare Dijs fausto omine,
Cùm quæ uolueris te loqui permiserim?

ELEG. Permitto, mando, sacra fac: neq; enim dehinc
Quod plura dicam, os increpabis iam meum.

CLYT. Incensa igitur hæc tolle mea pedissequa
Suauissimi referta fructus, quò Deum ut
Me liberet quibus agitor terroribus
Ritè precer. ô protector, ô Phœbe ædium
Tutela, nunc preces secretas accipe.
Neq; enim ego amicos inter ago ut altè audeam,
Quod uolo, profari, donec ista coràm adest.
Ne forsitan odio incitata pristino
Linguaq; petulanti per urbem seminet
Rumorem inutilem. tibi igitur quæ loquar
Precor benigno exaudi Apollo numine.
Quæ nocte geminis conspicata in somnijs
Sum spectra, si sint ominis Apollo boni
Fac uera: sin mali, retorque in hostium
Rursus caput: nec hisce me opibus, si dolo
Id machinabuntur aliqui exturbarier

Vnquam finas.da fic ut abfq; moleſtia
Viuam,domosq; & ſceptra Atridum iſta teneam
Iucunda amicis unicè quorum iuuat
Me conſuetudo,ſuperſtitibus etiam
His liberis.quicunq; placidè mecum agunt
Nec ullum,uti decet,negotium exhibent.
Hæc quæſo pronis Phœbe percipe auribus,
Votisq; clemens hiſce noſtris annue,
Alijsq; quæ nunc non palàm pronuncio,
Etiam tacente me.Reor enim te omnia
Habere cognita.ac Deus cùm ſis,nihil
Mortalium latêre te rerum poteſt.

P A E D A G. *O fœminæ hoſpites,precor mihi dicite*
Eſt'ne hæc tyranni regia Aegiſthi domus?
C H O. *Eſt hoſpes ipſa:haud auguratus es malè.*
P A E D A G. *Deinde coniunx illa'ne eſt,quã cõſpicor?*
Ex uultu enim indoles relucet regia.
C H O. *Ea ipſa:rectè conijcis,præſto hîc adeſt.*
P A E D A. *Regina ſalue:nuntium apporto tibi &*
Aegiſtho amico ab homine iucundiſſimum.
C L Y T. *Gratus mihi eſt ſermo tuus.at antè expedi*
Quiſnam,hoſpes,huc te miſerit mortalium?
P A E D. *Ex Phocyde Phanoteus graueis res nuntiãs.*
C L. *Quaſnam hoſpes?ede:nanq; homine à chariſſimo*
Amica præter nil relaturum autumo.
P A E D. *Obijt Oreſtes,idq; breuibus aſſero.*

ELECT.

ELECT. *Hei, hei mihi miseræ, perij hodie funditus.*

CL. *Quid ais? quid hospes ais? caue aurē huic præbeas,*

PAED. *Obijt Orestes, sicut antè, nunc aio.*

ELEC. *Actum est, miserrima perij, nil sum amplius.*

CLYT. *Quin res agis tuas? sed hoc mihi explica,*
Quo genere fati finijt uitæ diem?

PAED. *Atq; hâc quidē sum missus ob causam, ut tibi*
Omnem rem eo quo est gesta commemorem ordine.

   Nam tota nuper celebria ad certamina
Cùm Delphicis excita Græcia præmijs
Iam congregata foret, Orestes adfuit.
Qui primum ubi præconis excepit sonos
Cursum proclamantis pedestrem (tum ordine
Quod primum erat certamen) in arenam omnibus
Mirandus, omniumq; splendidißimus
Descendit, & naturæ adæquans gratia
Cursus uolucris terminos, uictoria
Potitus ampla est consequutus præmia:
Remq; uniuersam ut explicem breuißime,
Præstantia æquè facta robur ne ullius
Haud me uidere unquam memini hominis, id tibi
Persuadeas. quæcunq; promulgata erant
Etiam diaulorum à brabeutis cursuum
Quinquertia, omnium ille niceteria
Solus ferens, beatus atq; ab omnibus
Vno ore paßim prædicatur inclytus.

Cognori

Cognomine Argiuum quidem, sed proprio
Passim salutabant Oresten nomine:
Patre generoso, qui potenteis Græciæ
Totius olim exercitus ad Ilium
Duxisset Imperator, Atrida satum.
Sed hoc quid illi profuit? Deorum enim
Nocere aliquis ubi statuit, mortalium
Quacunq; tandem præditus potentia,
Iram cauere numinis nemo queat.
Nam luce subsequente, equestribus quæ erat
Sacrata ludis, Phœbi ut ortum erat iubar,
Stipatus aurigarum adest celebrium
Magna caterua, quorum Achæus unus, ex
Lacedæmone alter: duo deinde maximè
Regere Lybes currus periti, atq; inter hos
Fuit ille quintus Thessalos ducens equos:
Flauis superbus sextus ex Aetolia
Pullis adest: at septimus Magnesius
Octauus albis Aeniensium è solo
Ferox equis: nonus ab Athenis numinum
Factis manu: Bœotus ordine decimus
Clausit cateruam. iamq; serie ubi sua
Certaminis per arbitros, ut fortè sors
Ceciderat, unusquisq; nactus erat locum,
Mox æneæ signa simulac dederant tubæ,
Magno emicantes impetu illi carcere ac

Statione deserta sua impulsis equis
Clamoribus feriunt acutis æthera,
Vibrant habenas dextera:allisi grauem
Dedère currus strepitum,in astra pulueres
Glomerantur,& commixti in unum omneis simul
Assiduò equos stimulis fatigant acribus.
Alium alius præuortere satagit:unum id est
Studium omnibus,idemq; ardor:orbitas,rotas,
Ac terga equorum cerneres spumantia,
Fessosq; crebro artus anhelitu quati.
Columna at ille hærens sub extrema mouet.
Agitatq; currus,deinde habenas dexteri
Laxans equi cohibet sinistrum,& hactenus
Obstaculo non impeditæ ullo loca
Per constituta actæ ferebantur rotæ.
Tandem illius,agris qui aderat Aeniensibus,
Ruptis equi rapiuntur indomiti lupis.
Iam septimum postquam reuersi emensi erant
Confecerantq; cursum,& aduersis ruunt
Lybica in uehicula frontibus.prima hinc mali
Origo cœpit:hinc alium alius dedit
Præcipitem humi,atq; uulnerauit,campus hinc
Naufragio equestri atq; strage Crissæus fuit
Passim repletus.idq; Atheniensis ut
Cognouit aurigationis artifex
Insignis,orbitam extra equos retrahit suos,

Cohibetq́; cursus:illa curriculi quæ erant
Medio in spatio,equestri quati illo turbine
Ac fluctibus sinens.   Orestes interim
Extremo adhuc hærens loco agitat ultimos
Loris equos,tandem potiri præmijs
Victoriæ certus.at Atheniensis ut
Solum relictum eum esse conspexit,statim
Noto increpans æquos sono,celerrimo
Sequitur gradu:assequutus,æquatis diu
Ibat iugis uterq;: rursus alterum
Alter citatis anteuertebat rotis.
Omneis at alios tutus atq; prouidus
Pernicibus prouectus exegit miser
Cursus quadrigis:tandem equo se rapidius
Flectente,mox læuæ remittens cingulum
Habenæ,in extremum columnæ incogitans
Impegit,atq; axis media qua uoluitur
Fracta minutim fistula præceps citis
Lapsus quadrigis implicatur funibus.
Vtq́; cecidit dispersi equi magno impetu
Media ruunt per æquora.id populus uidens
Pernicibus miserum ita curribus excuti,
Plorauit adolescentis indignam necem:
Altisq́; suspirans sonis,ob quænam,ait,
Facinora nunc es tanta sortitus mala?
Prolapsus in humum sæpe in altum tibias

Iactabat,illum donec aurigæ inhibito
Vix tandem equorum cursu humo sustollerent.
Cruore fœdum tabido,atq; eum in modum
Affectum,amicorum omnium ut nemo uspiam
Miserabile uidens corpus unquam agnoscere
Potuisset.impositum igitur ardenti rogo
Statim cremauimus,redactumq; tenuem
In puluerem,atq; uasculo inclusum breui
Ex Phocyde huc uiri tulêre,ut patrio
Partem sepulcri adipisceretur in solo.
Atq; hæc quidem ea sunt quæ referre debui
Tristia relatu,sed uidentibus omnium
Quæcunq; ego unquam uiderim,tristissima.
CHORVS.Veterum heu uideo regü perire funditus
Penitusq; ab ima stirpe collabi genus.
CLYT.O Iuppiter!quid hoc sibi uult?fausta'ne
Hæc esse dicam?an temperata bonis mala?
Ah quò misera redacta sum?cùm proprijs
Seruare uitam cogar in malis meam?
PAED.Quid sic meo excruciare Domina nuntio?
CLIT.Immensa res est parere.nec quantumlibet
Acerba contumelia aut iniuria
In propriam excitare prolem odium queat.
PAED.Frustra igitur,ut uidetur,huc nos uenimus.
CLY.Frustra?quid ita?frustra appulisti cùm mihi
Manifesta mortis eius indicia adferas.

Qui pars meorum uiscerum,ac animæ meæ,
Procul à meis uberibus,atq; à sedula
Fugiens altrona contulit se in exteras
Peregrinus oras.neq; mihi unquam tempore
Conspectus ex illo fuit,quo se hinc miser
Subduxit.insuper paternæ me ream
Iam postulat cædis,minaturq; grauia,
Vt nec die,nec nocte somno perfrui
Possim suaui,ast imminentis horrido
Perculsa semper mortis & fati metu
Vitam traho.Sed hoc die terroribus
Sum liberata maximis.nec est eum
Quòd ego sororem'ue amplius timeam illius,
Quæ mecum eodem iuncta tecto,& in meos
Sæpe nimis ingeniosa luctus inuenit
Aliquam doloris perpetuò causam noui,
Merumq; nostris fugit è præcordijs
Scelesta sanguinem.Sed hæc audacia
Iam fracta conquiescet,ac diræ minæ.
ELEC. Miserrimam me,nunc Oresta tempus est
Vt calamitosam defleam sortem tuam
Quòd morte sublatus adeo miserabili
Sæuis adhuc à matre contumelijs
Lacereris.hoccine est piæ factum matris?
CL. Tibi haud uidetur,ut cum eo actū, actū est bene.
ELEC. O Nemesi gemitus mortui audi flebileis.

CLYT.

CLYT. Audiuit illa, & precibus annuit meis.

ELE. Nunc insolesce rebus aucta prosperis.

CLYT. Tuq́; ac Orestes ista iam sedabitis.

ELE. Quieuimus nos, te sed ut sedabimus?

CLY. Magno quidem, hospes, dignus hinc es munere,

Quòd linguam adeo compescuisti garrulam.

PAED. Discedo itaq́; cùm res bono sint in statu.

CLYT. Minime: neq́; enim honori meo consulueris,

Nec eius à quo missus huc es hospitis.

Sed ingredere, & extrà sinas hanc flebili

Lugere uoce sua & amicorum mala.

ELEC. Quid mater ista calamitosa, tristia

Lamenta nunquid edere, atq́; funera

Ob lacrymosa filij luctu affici

Vobis uidetur? laeta ridensq́; miserum

Casum abijt. ô fratrum omnium charißime,

Vt morte nunc sum perdita tua funditus!

Simulq́; spem, quae reliqua mihi adhuc supererat,

Ex cordis euulsam intimo tecum sinu

Procul abstulisti: nempe uiuum te patris

Aliquando uindicem affuturum, atq́; misera

Huius tuae sororis. at quò gentium

Me conferam? sum sola, te nunc ac meo

Orbata patre. seruiendum erit mihi,

Obtemperandum nutibus erit hostium,

Turbae scelestae, ac execrabili, patris

Caesor

Cæforibus,quò mifera recidi?in pofterum
Haud amplius conuiuere illis iam mihi
Firmum ac ftatutum eft.huicq; proxima
Portæ loco hoc hærebo.fic fterile exigam
Viduata amicis tempus ætatis meæ.
Mucrone fed tranfadigat aliquis cor mihi,
Id fi cui fit ægrè eorum qui è domo
Lamenta fundentem audiunt,dij coelites
Magni ut loco æftimauero.beneficij
Si morte me multauerint!referta enim
Dolore uitæ nulla tangit cupiditas.
C H O. Vbinam altifremi fæua Tonantis
Fulmina?lucidus ubinam
Latitat Phœbus?fi hæc afpiciunt
Oculis æquis,afperaq; inhibent
Tela beneuoli?
E L E. Hei,hei,hei.
C H O. Quid lacrymaris filia?
E L E. Eheu.
C H O. Ne nimis altas edito uoces.
E L E. Enecas.
C H O. Quî fic?
E L E. Dum me fumere fpem iubes,
In grauiores conijcis animam
Anxietates:concidit,omnis
Diffluxit fpes,Ditis ut inferi

Nigras illi subiere specus.

CHO. *Non hæc mordeat animum cura.*

Amphiareus quoque fraude mulierum

Occultatus septis aureis

Sub humo Stygijs,

ELEC. *Hei,hei.*

CHO. *Imperat umbris.*

ELEC. *Eheu.*

CHO. *Meritò heu.perniciosa erat.*

ELEC. *Domita illa fuit?*

CHO. *Punita fuit.*

ELEC. *Memini,memini,*

Extitit aliquis cui curæ fuit

Atroceis ulcisci iniurias:

Nemo at nostris partibus aßidet.

Nam qui fuerat nobis abijt

Euanidus,ereptus est.

CHO. *Aerumnosa,ærumnis*

Conflictaris grauibus

ELEC. *Harum sum ut quæ maximè*

Gnara,experiens omnium.

Nec enim finis adhuc adest,

Sed mihi duri temporis ætas

Luctus aggregat,ex alijs nouas

Cumulat semper sollicitudines.

CHO. *Liquidò constant quæcunq; refers.*

ELEC. *Non me frustra, quæso,*
Posthac consolemini.

CHO. *Quid ais? cur solatia respuis?*

ELEC. *Nullum pectoribus spes occupat*
In nostris locum.
Obitu fratris prorsus adempta est.

CHO. *Præfixa est fato mors omnibus.*

ELEC. *Qui sed equestri infelix*
In certamine sectis
Implicitus succubuit loris.

CHO. *Fortuitum ac improuisum malum.*

ELEC. *Quî non? hospes in extera*
Regione absque mea manu.

CHO. *Hei mihi.*

ELEC. *Mandatus humo, exequiarum expers,*
Nostriq; miser gemitus.

CHRY. *Præ gaudio immemor decori anhelaq;*
Vt te inuenirem celeriter moui gradum,
Nam læta porto, atque requiem immensis, quibus
Es hactenus uexata, calamitatibus.

ELEC. *Vbinam meis adepta es auxilium malis,*
Quorum medela nulla restat uspiam?

CHRY. *Adest Orestes, id tibi persuadeas*
Certò adeò, ut oculis conspicaris me tuis.

ELEC. *Satis'ne sana es misera? siccine nunc iuuat*
Ridere te utriusque nostrûm miserias?

CHRY. *Non per penateis hoc Deos dico ioco*
Aut contumelia, soror, quin seriò.
Nobis eum appulisse iam tibi nuntio.
EL. *Hei, hei mihi, ex quo tandē id edocta es hominū,*
Cuius adeò facilè adhibes uerbis fidem?
CHRY. *Nil ex alio habeo: ipsa conspicata sum*
Signa euidentia quæ mihi faciunt fidem.
ELEC. *Quid certi habes infausta, quo immedicabilē*
Sedes dolorem, & tota quibus intus flagro
Flammas & æstus?
CHRY. *Per Deos ut audias*
Te quæso, ut ubi perceperis quæ dixero,
Tum stulta demum aut seria esse iudices.
ELEC. *Igitur recense si quidem id tibi uolupe est.*
CHRY. *Quæcunque percepi tibi referam ordine.*
Abs te digressa antiquum ut accessi ad patris
Tumulum, repletos lacte riuos conspicor
Fuso recens, uarijsq́; bustum flosculis
Hinc inde conspersum undiq;. obstupui uidens
Circumq́; spectans nam quis in propinquo ibi
Loco lateret abditus mortalium.
Vbiq; solitudo, ubiq; silentium.
Accedo tumulum propius, extremo loco
Pyræ resectas iam recens uideo comas,
Et simul ut aspexi, illico obtulit animo
Se nostro Orestis omnium charissimi

Mor

Mortalium consueta imago:hæcq; illius
Sum suspicata reditus indicia.itaque
Dextra prehendens nil malè ominata sum.
Sed læta crebris irrigans lacrymis sinus,
Et tunc perinde ac nunc rcor certissimum,
A nemine inferias profectas has,nisi
Ab eo esse.nam cui munus hoc mortalium
Te præter,aut me obire quæso conuenit?
Et me quidem haud fecisse,neque te etiam scio.
Nam qua id queas ratione?cui ne ipsos quidem
Deos precandi gratia unquam limine
Ab hoc pedem mouere latum liberum est.
Quod attinet ad matrem,animus id illius
Quî sustinere posset,ut faceret patri?
Nec fortè si fecisset,id posset diu
Latêre.sed sunt hæc Orestis sacra.soror,
Forti,moneo,sis pectore.nec enim usque idem
Dæmon agitat eosdem.hactenus nobis quidem
Molestus ac infestus fuit.Sed hic dies
Nunc prosper atq; faustus illuxit,aliquem
Positura tantis terminum forsan malis.
ELEC. Tædet tuæ,miseretq; me dementiæ.
CHRY. Quid? uerba pariunt tibi mea molestiam?
ELE. Nec quorsum eas,nec scis animus ubi sit tuus.
CHR. Quî non sciam,quod hisce conspexerim oculis?
ELEC. Obijt,misera:fluxêre lapsa iam omnia

Auxil

Auxilia:in illum haud amplius spem colloca.

CHRY. Heu ex quo id audisti cedo mortalium?

ELEC. Ab eo, soror, qui, cùm periret, adfuit.

CHR. Vbinã iste quæso est? mens mihi attonita stupet.

ELEC. Ingressus est lætus domũ, & gratus matri.

CHR. Hei cuius hominis illa quæ tumulo patris
Affusa conspexi modò libamina?

ELEC. Alicuius esse suspicor, qui mortui
Orestis hæc monimenta dederit manibus.

CHR. Heu me miserrimam, ut ego uano concita
Præ gaudio celeriter accurri, tibi
Lætum istud allatura nuntium, interim
Ignara quæ in mala deuoluti essemus! at
Statim huc ubi me contuli, antiqua uideo
Florere damna, nouísq; adaucta iãm malis.

ELEC. Sic res se habet: sed si mihi obsequi uoles,
Tanto malorum fasce mox leuabimur.

CHRY. Quid? uis'ne me resuscitare mortuos?

ELE. Non hoc uolo, nec enim adeò mentis sum inops.

CHR. Quid itaq; mandas mea facultas quod ferat?

ELEC. Vt quod monebo haud pertimescas aggredi.

CHRY. Si fuerit utilitas aliqua non renuam.

ELEC. Nil absque sudore geritur feliciter.

CHRY. Operam tibi nauabo quod uireis ferent.

ELE. Quid perficere decreuerim, sic accipe.
Nullam esse nobis reliquam amici copiam

Igna

Ignara non es: Erebus illos abstulit,
Solæ sumus relictæ, ac auris quamdiu
Vitalibus fratrem frui certum fuit,
Spes me fouebat magna tandem uindicem
Venturum eum cædis paternæ. at mortuus
Euanuit: tuq́; una restas nunc soror,
Cuius opem & auxilium expeto, nec autore me
Ac adiutrice pertimesces effero
Vitam latroni eripere, carnificem puto
Parentis Aegisthum. nec est quod amplius
Arcana te celem. quo enim usque tandem eris
Lento adeò prædita pectore? an'ne aliqua spei
Affulget aura firmioris? cui nihil
Excussæ opibus hæreditateq́; patria
Reliquum relictum est, quàm facultas lacrymas
Gemitusq́; fundere & dolere perpetim.
Adhæc ut hymenæi atq; socij expers thori
Longæua uirgo consenescas, nec fore
Id tempore ullo existimes, ut quippiam
Horum assequaris. nec enim adeò inops consili est
Aegisthus homo, passurus ut tuum aut meum
Genus sit unquam luculento cum suo
Florere damno, aut crescere. atq; tu meis
Parêre si non rennues hortatibus,
Primum quidem dabis operam ut, apud inferos
Qui nunc agunt, patremq́; fratremq́; pariter

Quá

Qua conuenit pietate uenerêre & colas.
Deinde sicut libera es parentibus
Prognata summis regibus, ita in posterum
Vocabere, atq; digna eo censeberis
Honore, coniugioq; tanto stemmate
Iungêre digno. nanq; quis mortalium
Non dirigit ad honesta & ingenua oculos?
Quid multa? gloriam & perenne tibi decus
Mihiq; conciliabis, his monitis meis
Obtemperans. quis ciuium, quis hospitum
Nos intuens, non talibus præconijs
Excipiet? en duas sorores, quæ domum
Seruare patriam atque pristinum in statum
Ausæ fuerunt asserere, quæ propriæ
Improuidæ atque prodigæ uitæ omnibus
Olim beatos rebus hosteis fortiter
Letho dederunt? has amari ab omnibus,
Has unicè decet coli: has conuentibus
In publicis festisq; tota urbe celebri
Insigne propter fortitudinis decus
Honore par est affici. Hæc, aliaq; in hanc
Loquetur unusquilibet sententiam,
Nec mortuas uiuasq; gloria deseret.
Sed pareas mihi nunc soror charißima,
Opem parenti fer, operam naua fratri,
Præsentibus me pariter & te eripe malis.

Memor interim ante oculos gerens,quàm turpe sit
Viuere probrosè stirpe natas nobili.
c h o. *In hisce rebus magna opus prudentia est,*
Hæc consulenti & audienti est utilis.
c h r y. *Sed antè quàm faciam loquendi exordium,*
O fœminæ,si sanæ huic uel minima pars
Mentis foret,quod non facit,curam suæ
Gereret salutis.quanam enim fiducia,
Qua freta tandem ipse,ipsa tam temeraria
Te audacia armas?atq; me in periculi
Consortium uocas?parum te fœminam
Expendis esse, non uirum satam,hostibus
Longeq; uiribus & potentia imparem.
Fortuna adhæc Diuûmq; numina eis fauent,
Aduersa quæ nos experimur indies.
Talem quis hominem sine suo grauißimo
Damnoq; & extrema calamitate perimat?
Prospice etiam atq; etiam soror,ne talia
Nobis facinora molientibus mala
Grauiora conciliemus his,si fortè quis
Taleis sonos exaudiens eliminet.
Quid gloriam famamq; consequi iuuet
Finire uitam si probrosè cogimur?
Neq; graue mortem censeo,sed cùm mori
Desideras,non posse te illud assequi.
Proinde te quæso priusquam perditum

Nos atq; nostrum funditus eamus genus,
Iram refrena, animiq; cohibe hos impetus.
Ego uicißim dicta nunc abs te omnia
Prastabo ut indicta maneant secretaq;.
Tu modò animum tuum institue prudentius,
Tandemq; uireis mensa proprias nihil
Efficere cùm imbecilla poßis, cedere
Principibus & potentioribus incipe.
C H O. *Obtempera, nihil homini prudentia*
Contingere melius aut potest magis utile.
E L E C. *Nihil inopinatum, aut inexpectatum. ego*
Iam te sciebam ad hunc reiecturam modum
Quacunq; dicerem. mea at res hæc manu
Solius est peragenda: nec cessauero
Donec quod animus agitat effecero semel.
C H R Y. *Hei quàm uelim quo tempore necatus fuit*
Pater, te eo fuisse robore præditam:
Nunc omnia ualida peregisses manu.
E L E C. *Natura eadem erat, mens mihi imbecillior.*
C H R Y. *Exerce ut illa firma semper hæreat.*
E L E C. *Rectè. sed ipsa monita re non exprimis.*
C H R Y. *Ferè fit, ut facinus patrans pœnas luat.*
E L E. *Prudentiam probo tuam, ast odi metum.*
C H R Y. *Rectè loquentem te libenter audiam.*
E L E C. *Nunquam tuis seruire me auribus audies.*
C H R Y. *Hoc facere spatium te docebit temporis.*

E L E. *Discede,neq; enim in te ulla spes est auxili.*

C H R Y. *Est magna:sed animus tuus eam non capit.*

E L E. *Abi,matriq; quæ tibi dixi refer.*

C H R Y. *Non sic tibi malè cupio,ut hoc facere uelim.*

E L E C. *Sat uideo quantum in dedecus me pertrahas,*

C H R Y. *In dedecus?tuæ saluti consulo.*

E L E. *Igitur'ne,quæ tu iusta iudicas,sequar?*

C H R Y. *Vbi mente fueris saniore prædita,*
Nostrum tuis utranq; consilijs rege.

E L E. *Peccare opinari bene loquentem graue est.*

C H R Y. *Morbum probè quo detineris exprimis.*

E L E. *Iuste'ne uideor ista nunc tibi loqui?*

C H R Y. *Sed est ubi iustitia noxiam ferat.*

E L E. *Vt ut sit,hoc ego uiuere haud uelim modo.*

C R R Y. *Si feceris,me uera comperies loqui.*

E L E. *Faciam equidem nihil extimescens has minas.*

C H R Y. *Non ueritatem consili expendens mei?*

E L E. *Res nulla consilio nocentior malo.*

C H R Y. *Horum nihil quæ dico prorsum intelligis.*

E L E. *Non nunc mihi,sed nuper hæc statuta sunt.*

C H R Y. *Abeo igitur.cùm nec mea tibi oratio*
Possit probari,nec mihi mores tui.

E L E. *Sed intrò abi,non fiet unquam ut te sequar,*
Ne si quidem sedatior quàm nunc,fores.
Vana aucupari,insignis est amentiæ.

C H R Y. *Tu si tibi uideare sapere rectius*

Sic

Sic sapito, sed malis ubi obruta senties
Periculum, tum monita laudabis mea.

CHORVS.

Iambici dimetri Anapæst. Iambici
catalect. & acephal.

QVid esse dicam aut suspicer
Quod usitatum cernimus
Generi uolucrium pio?
Quanta parenteis debileis
Quibus editæ sunt, à quibus
Teneræ educatæ nutriant
Foueantq; cura? cur eadem
Nos facere non contendimus?
Ast horrisoni missa corusco
Fulmina cœlo sæua Tonantis,
Cœliq; colens lucida sydera
Vindex scelerum Iustitia, haud diu
Flagitiosa, enormia crimina
Impunita relinquent.
O casuum humanorum
Fama nuntia subitis
Vbiq; subterranea
Plutonis imple regna
Rumoribus, Atridisq;
Miserabilem tristemq;
Casum refer. Nam eorum

Afflicta

Afflicta ſæuis feruet
Morbis domus.nec ſciſſa
Poteſt ſorores inter
Concordia coaleſcere.
Electra prodita duris
Quatitur procellis,ſola
Semper peremptum querulæ
In modum luſciniæ
Luget,gemitq́; peremptum
Miſera parentem nullo
Mortis metu perculſa.
Ac ubi geminam ſumere poterit
Vindictam, tum tandem læta erit
Mœſtæ orbari lumine uitæ.
Quiſnam ita uero eſt ſtemmate nobilis?
Nec bonis ſatus etiam,
Vitam agens miſerrimam,
Committet unquam ut labe
Aſpergat ulla honeſtum
Nominis decus ſui.
Seculum ut nunc tu quoq;
Incidiſti in flebile,
Bella dum contra geris
Turpitudinem & dedecus!
Sed per ærumnas graueis
Luctata laudem ubiq;

Et gloriam una uoce
Consequuta es duplicem
Sapientis optimæq́;
Exornata es titulis.ah
Vtinam hostium tuorum opes
Victrix potentiamq́;
Quorum premeris imperijs
Nunc manuúq́; tyrannica,
Conteras:quando quidem
Fatis uideo te exerceri
Prorsus iniquis, sed tamen his non
De uirtutis gradibus deijci,
Sed constanti fasq́; piumq́;
Pectore colere.

ORESTES.Rectè ne docti,ô fœminæ,terimus uiam
Quam destinauimus ingredi?precor edite.

CHO. Quid quæris?aut quid est quid huc diuerteris?

OREST. Iam quero dudum Aegisthi ubi sit regia.

CHO. Rectè hospes huc ades,nec in pœnam incidit
Huius tibi quicunq́; fuit index uiæ.

OREST. Quæ uestrum erit desideratos nuntios
Adesse nos ei indicare quæ uolet?

CHO. Hæc.nuntiam si forte uis domesticam.

ORES. I mulier,ingressa indices è Phocyde
Venisse quosdam qui loqui Aegistho uolunt.

ELEC. Misera hei mihi. Vos ne estis argumenta qui

Sparsaq́ certa fertis indicia necis?

ORE. *Haud scio equidem quid te angat, ast ego senis*
Strophij rogatu adsum ut de Oreste nuntiem.

ELE. *Quid id est? ut ingens me pauor nũc occupat!*

OREST. *En quam uides Orestis exiguæ latent*
Relliquiæ in arcta condita ista pyxide.

ELE. *Heu me miserrimam. heu ut oculis conspicor*
Meis apertè onus sepulcrumq́ illius!

ORES. *Si calamitatem Orestis & luges necem,*
En corpus eius uasculo hoc est abditum.

ELE. *Ah per Deos obtestor hospes, si quidem*
Hac tegitur urna conditus, manibus meis
Contrectem, ut & me pariter ac meum genus
Hos misera propter usq́ plorem pulueres.

OR. *Eia facite ei copiam quæcunq́ sit:*
Nec enim maleuolo prædita animo id expetit:
Sed aut amore mota magno mortui,
Aut uinculo id coniuncta poscit sanguinis.

ILE. *O hominis omnium mihi charissimi*
Triste monumentum, quod reliquum adhuc est super
Seruans Orestis. quàm bona spe decidi!
Hei quàm parum sum suspicata hoc te modo
Patrias reuersurum domos! Nunc te manu
Euanidum, in nihilum redactum fero mea,
Quem splendidum ablegaui ego olim clanculum!
Mors sed utinam tibi scidisset stamina

Vita

Vitæ prius,quàm dextera abreptum hac meâ
Procul peregrinas te in oras mitterem,
Feraq; surriperem nece:ut sic mortuus
Hoc tompore hîc saltem iaceres,patrio
Sortitus in tumulo locum. Sed nunc domo
Extorris,alienis profugus in urbibus
Procul à sorore separatus ultimum
Miserè diem obijsti,nec infaustæ tuum
Licuit amica corpus abluere manu,
Ac tribuere extremos honores,aut rogo
Miserabile hoc eripere pondus:sed tibi
Hoc præstitit aliena seruitium manus,
Paruumq; pyxide abdidit parua.hei mihi
Quò ullo absq; fructu sollicita iam euanuit,
Ac,qua suaui te labore paruulum
Foui,educatio?neq; tu enim tempore
Vllo fuisti charior matri ac mihi.
Me præter haud tuæ salutis anxia
Tota in domo fuit ulla:nutrix sola ego.
Semper uocata sola sum soror tua.
Sed omnia hæc periere lapsa funditus
Qua mortem obisti luce turbans,dißipans
Instar procellæ turbidæ ex oculis procul
Euanuisti.quid opus est multis?pater
Perijt,ego ob amorem tui uitæ meæ
Expers ago,te mors etiam atra sustulit.

Edunt

Edunt cachinnos hostium passim cohors
Materq́,ſed eo non uocanda nomine,
Inſanit immodico repleta gaudio.
Cuius aliquando te affuturum uindicem
Mihi ſæpe de te fama uenit nuntia.
Verùm hæc tuus genius meusq́; in lacrymas
Et damna ſæuus uestra peſſum omnia dedit,
Qui nunc loco uultus mihi chariſſimi
Cineres leueis umbramq́; miſit inutilem.
Hei mihi,
O corpus miſerabile:
Hei ter me infelicem atq; amplius.
Eheu,eheu.
O dulce fratris ô mihi caput amabile.
Inauſpicatum ingreſſus iter ut funditus
Me perdidiſti,perdidiſti funditus!
Quæſo ſub hoc me recipe tectum,quæ nihil
Nunc ſum amplius,tecum ſim ego,qui es quoq; nihil:
Stygios ſimul poſthac habitem apud inferos.
Quàm diu enim apud ſuperos tibi incolumis ſtetit
Vita,toler aui bona malaq; tecum ſimul.
Et nunc mori expeto,nec hoc abſcedere
Tuo ſepulcro.uideo enim triſtiſſimis
Doloribus uacare caſſos lumine.
CHO. Mortali es Electra edita patre,id memineris,
Mortalis & Oreſtes fuit:caue nimio

Te maceres luctu.omnibus mors imminet.

OREST. *Eheu quid eloquar?unde nunc potißimum*
Petam loquendi exordium?haud equidem queo
Linguæ diutius continere uincula.

ELEC. *Quis te dolor habet?hos'ue cur profers sonos?*

OREST. *Vultu decoro nunquid Electra est ea?*

CHO. *Ea ipsa,sed agit obruta miseris malis.*

OREST. *Eheu nefandam terq; quaterq; miseriam.*

ELEC. *Quid,hospes, est quòd sic uicē gemas meas?*

OREST. *O corpus impiè atq; iniquè perditum.*

ELEC. *Nullius,hospes,quàm mea mouent te mala.*

OR. *Heu cælibem sortisq; uitam lugubris.*

ELEC. *Quid est quod oculis adeò fixis me intuens*
Præcordijs suspiria trahas intimis?

OR. *Quòd nil calamitatum mearum uideram.*

ELEC. *Dic,quo mihi ea percipere cœperis modo?*

OR. *Tantis uidens te calamitatibus obrutam.*

ELEC. *Sed minima prorsus è malis uides meis.*

OR. *Grauioribus'ne quispiam posset premi?*

ELEC. *Vitam agere cogor cum impijs latronibus.*

OR. *Quibus?quod est,quod obiter effaris,malum?*

ELEC. *Patris mei.quibus etiam necessitas*
Me cogit,& uis non ferenda ut seruiam.

OR. *Sed quis rogo est qui te adigit huc mortalium?*

ELEC. *Mater uocatur,sed matrem factis negat.*

OR. *Manuum'ne ui,uel squallido uitæ modo?*

ELEC. *Manibusq́; & immunditiæ & omni deniq;*
Genere malorum.

OR. *Nemo præsto est qui tibi*
Opem ferat, ſæuaſq́; cohibeat manus?

EL. *Nemo: ille enim, in quo ſpes mihi omnis fixa erat,*
Redactum in atros obtuliſti pulueres.

OR. *O ſortis infelicis ut miſeret tuæ.*

ELEC. *Tu ſolus adeò iam hoſpes es mortalium*
Horum malorum quem ſubit miſeratio.

OR. *Et ſolus adſum tua ſimul deflens mala.*

ELEC. *Cognatus aliqua parte nobis aduenis?*

OR. *Dicam tibi, modò uelit ſilentium*
Hæc mulierum præſtare turba beneuolè.

ELEC. *Nil metue: fidis iſta dices auribus.*

OR. *Vaſculum itaq; hoc depone, diſces omnia.*

ELEC. *Ne, per Deos te obteſtor hoſpes, id iube.*

OR. *Obtempera iuſſis, tibi id fraudi haud erit.*

ELE. *Ne aufer quod animo maximè charū eſt meꝰ*

OR. *Nulla ſinam ratione.*

ELEC. *Me miſerrimam.*
Ah ſic ſepulcro Oreſta priuabor tuo?

OR. *Bene ominare, non enim iuſtè gemis.*

ELEC. *Quid? mortuum'ne iniuria fratrem gemo?*

OR. *Non iure nunc erumpis in taleis ſonos.*

ELEC. *Frater probrosè ſic mihi eripitur meus.*

OR. *Nil ſit probrosè, flere ſic non eſt tuum.*

ELEC.

ELEC. *Quî sic manu corpus cùm Orestis fero mea?*

OR. *Non est Orestis, ficta tantum oratio est.*

ELEC. *Vbinam igitur miseri sepulcrum fratris est?*

OR. *Nusquam, quî enim? uiui sepulcrum nullibi est.*

ELEC. *Quid ais precor?*

OR. *Non falsa sunt quæ nuntio.*

ELEC. *Vita'ne fruitur ille?*

OR. *Opinor, siquidem*
Nunc me frui uita uides.

ELEC. *Tu'ne es igitur?*

OR. *En annulum hunc parentis inspicito mei:*
An uera narrem colligere facile hinc queas.

ELEC. *O fausta lux & amabilis.*

OR. *Fausta fateor.*

ELEC. *Ades'ne frater omnium charißime?*

OR. *Satis est probatum, latius ne inquirito.*

ELEC. *Manibus teneo nunc te meis.*

OR. *In posterum*
Semper tenebis.

ELEC. *Fœminæ ô charißimæ*
Vrbisq; ciueis huius, ecce subdola
Iam machinatione Oresten mortuum,
Videtis incolumi rediße corpore.

CHO. *Videmus illum, ô filia, atque percitæ*
Veteris memoria calamitatis, humidis
Genas tumentes irrigamus lacrymis.

ELEC. *Præsentia hominis omnium ô chariſsimi*
Optatus ades ô frater, ades, inquam, mihi.
Nunc inuenis, nunc longo ab hinc quæ tempore
Deſideraſti cernere, uides omnia.
OR. *Adſum quidem, ſed adhuc ſilentio eſt opus.*
ELEC. *Cur quæſo?*
OR. *Satius tacere eſt, ne quis intus audiat.*
ELEC. *Sed per nunquam temeratæ ſacra*
Caſta Artemidis, nullo poſthac
Tempore in animum potero inducere,
Vt eas quæ intus iam ſunt fœminas,
(Onus hoc ſemper dico ſuperfluum)
Vt ſoleo ante hac, nunc formidem.
OR. *Sed Mars caue ne fœminarum inter gregem*
Lateat alicubi. docta es experientia.
ELEC. *Eheu, ah ah.*
Non obſcurum, quodq́; obliuio
Nullo extinguet tempore
Nunc refricas malum.
OR. *Memini, ſcioq́; ſed ubi primum occaſio*
Se obtulerit, hac de re loquemur latius.
ELEC. *Hei nullum mihi, nullum tempus*
Hæc declamare omnibus in locis
Eſſe poteſt inidoneum.
Libertas mihi linguæ
Semper adempta, at nunc uix reddita eſt.

OR. *Fateor quidem: seruare porrò adnitere.*

ELEC. *Quidnam aggressura?*

OR. *Non longa fert colloquia breuitas temporis.*

ELEC. *Quod iam hoc loquendi tempus opportunius?*
Quis'ue reditu lætus tuo conpescere
Linguam queat? nam præter omnium spem, atque id
Quod exprimi uerbis queat, te conspicor.

OR. *Me conspicata es cùm Deorum numina*
Repetere patrias adegerunt domos.

ELEC. *Multis superat partibus*
Lætitia ista priorem.
Si superorum impulsu numinum
Nostra ad limina tuleris gressus,
Magnæ id prosperitatis ego loco
Vt ducam mens præsaga monet.

OR. *Est nimij ubi cohibere gaudij impetus*
Verear tui. rursusq; non metuo minus
Ne uicta gaudio tibi accersas malum.

ELEC. *Immensi hei post spatium temporis*
Tandem dignatus uiam es
Carpere plurimis
Optatam mihi uotis,
Inq; meum prodire aspectum,
Ne me tanto posthac concuti
Gemitu uideas.

OR. *Quid non faciam?*

ELE.

EL. *Fac semper sim tecum pariter,*
Ac te te coràm intuear.
Ne hanc mihi, quæso, uoluptatem adimas.
OR. *Quin mihi uolupe est conspici ab alijs.*
EL. *Hac igitur in re mihi fidem astringis tuam?*
OR. *Astringo.*
EL. *Vox inexpectata amica*

Trochaici.   *Nunc meis insonuit auribus*
Ira quædam expers soni atque muta
Me tenebat, auriuḿq; erat
Impeditus usus. at nunc
Te habeo, suaui perfruor tuo
Frater aspectu. quam amœnitatem
Ne quidem atrocißimæ
Mihi calamitates memoria
Tempore ullo excutere poterunt.
OR. *Superfluas uerborum omitte nænias,*
Neque id refer, qua prædita maleuolentia
Sit mater, Aegisthus ut opes exhauriat
Domuḿq; nostram, ut impudenter dißipet,
Profundat, omnia laceret. nam fabulis
Elaberetur temporis opportunitas.
Verùm id quod in primis facere nostra interest,
Quod́q; hora præsens postulat, nunc explica
Qua sit uia, clám ne, an gerenda res palàm,
Capitalium ut tandem cachinnos hostium

Coёrceamus.at ita tu te compares
Vultumq́; componas,domum ne ubi iam erimus
Ingreßi uterq̄,lætiorem atque solita eſt
Te mater eſſe deprehendat.sed gemens
Simulabis è uerbis capere luctum meis.
Ad summum enim fortuna ubi nos proſpera
Rerum cacumen duxerit,tunc liberè
Gaudere,tunc ridere licitum erit affatim.
ELEC. Mi frater,id quod gratum erit tibi,mihi
Gratum etiam erit.nam gaudium quo nunc fruor
Non à me initium sumpsit,abs te uno integrum
Proficiscitur.nec si lucrum ingens alicubi
Mihi sit paratum,facere uel leuißimum
Velim quod ægrè eſſe tibi poßit,quid aliud
Quàm tam fauenti nunc reluctarer Deo?
Sed scis ut intus res se habeat,audisti enim
Aegiſthum abeſſe ab ædibus,uerum in domo
Matrem eſſe,quam ne fronte me cernat hilari
Lætáq̄;non uereare:nam uetus odium
Pectori etiamnum fixius inhæret meo,
Adeóq̄; uultum quando conſpicio tuum,
Augetur,ut ſtillantibus semper genæ,
Præ gaudio,humidæ lacrymis fluant.
Nam quo modo unquam temperare à lacrymis
Mihi queam,quæ temporis puncto breui
Et mortuum uiuumq̄; te conſpexerim?

O casum inexpectatum!ego si nunc patrem
Viuum uiderem huc ferre gressus,id loco
Non ducerem miraculi,nec imaginem
Existimarem falsam,at ipsum cernere
Me firmiter statuerem:ita affecisti animum
Hodie meum.Proinde cùm hanc emensus es
Viam,atque nobis redditus,ut animus feret,
Negotium auspicare.Sola ego dum fui,
Semper animo alterutrum experirier meo
Certum ratumq́; sedit,aut seruare me,
Si possem,honestè,aut certè honestè occumbere.
O R. Sis tacita,nam crepare regiæ fores
Ab exeunte aliquo audio.
E L E C. Ite intrò hospites,
Noua cùm adferatis,quæ ut domo haud arcenda sint,
Syncera nulli sic quoque ferunt gaudia.
P A E D. Fatui ô ter & quater,atq; mentis impotes,
Tam parua uitæ cura'ne uos uestræ habet,
Quid cogitem?an mens ista uobis insita est
Primis ab annis?non propinqua pericula,
Sed maximis circundatos uos undique
Nunc esse non perpenditis malis?ego his
Custos nisi egissem diu excubias locis,
Iam dicta factaq́; uestra,quàm ipsi uos,prius
Penetralia subissent domus.Sed hoc ego
Ne fieret operam sedulo interea dedi.

Longa hac igitur ambage, si modò sapitis,
Verborum omissa, uocibusq; gaudium
Nil præter insuetum sonantibus domus
Subite tecla. rem aggredi opportunitas
Hortatur: atq; casibus in huiusmodi
Periculosa semper est cunctatio.

O R. *Quando mihi intrò nūc eundum est, quo in statu*
Res posita nostra est?

P A E D. *Optimo. nemo omnium*
Futurus est qui te poterit agnoscere.

O R. *Iam mortem obisse me tulisti nuntium?*

P A E D. *Apud hos es unus inferis ex manibus.*

O R. *Fama hac'ne gaudent? aut quæ eorū oratio est?*

P A E D. *Perfectum ubi fuerit negotium, omnia*
Tibi explicabo. at nunc eorum, uti uideo,
Partim bene quidem res se habet, partim male.

E L E C. *Quis iste sit, frater, precor mihi dicito.*

O R. *Nosti'ne eum?*

E L E C. *Non, quod sciam; neq; in animum*
Reuocare, quisnam sit, queo.

O R. *Ita'ne es immemor*
In cuius olim tradidisti me manum?

E L E C. *In cuius oro? quidnam ais?*

O R. *Per quem fui*
Clàm prouidentia soror septus tua
In fertileis transmissus agros Phocydis.

P   E L E C.

E L E C. *Hic ille'ne est?tum temporis quē ex omnibus*
Solum patre necato fidelem repperi?
O R. *Ille ipse.quæso longioribus diem*
Ne conteras sermonibus.
E L E C. *Lux omnium*
O fulgidissima.tutor ô solus domus,
Columenq; stirpis unicum Agamemnoniæ.
Quî huc appulisti?tu'ne es ille plurimis
Qui uindicasti hunc atque me ex laboribus?
Charissimæ ô manus,in obsequium pedes
Promptissimi nostrum.cedo quæ causa te
Permouit ut tuum in me amorem tandiu
Celaueris?resq; mihi iucundissimas
Famæ inuolucro nubilans tristissimæ
Propè me enecaris?ô pater salue.patrem
Coràm intueri iam mihi uideor meum.
Salue,atq; scito pessimè me odisse te
Horæ unius momento,amassèq; plurimum.
P A E D. *Sat est,quæ ego gessi interim absens dū fui*
Et noctium & multi dierum circuli
Voluentur, ista qui tibi, Electra,omnia
Certò indicabunt.   Itaq; nunc appello uos
Qui assistitis,moneoq; tempus rem aggredi
Expescere.Clytemnestra sola:in ædibus
Vir nullus est:si rem trahatis longius,
Id cogitate pariter hîc futurum opus

                            Cumq́;

Cumꝗ; his & alijs præditis prudentia
Maiore, cumꝗ; dimicare pluribus.

O R. Res longiores nostra rennuit moras
Pylades amice. proinde quàm celerrimè
Eamus intrò. supplicemus patrijs,
Delubra quicunque hæc colunt, penatibus.

E L E C. O rex Apollo audi hos propensis auribus,
Pariterꝗ; quas purè tibi fundo preces.
Quæ multa sæpe, uti mea facultas tulit,
Larga sacraui munera tibi dextera.
Nunc ô Lycæe Apollo postulo, peto,
Tibi supplico, cœpti huius ut sis beneuolus
Adiutor, ostendas quibus Dij præmijs
Flagitia consueuere honorare impia.

C H O. En quò non prorumpit gentium
Dirum Mauors proflans sanguinem!
En metuendi sæuiꝗ; canes
Iusti flagitiorum uindices
Passim intima nunc atria obambulant
Nullo fugiendi pede.
Haud nostra procul hinc nunc absunt
Tacitæ somnia noctis:
Impendent ceruicibus.
Stygiorum uindex & tutor manium
Famosa dolo tecta ingreditur,
Antiquisꝗ; scatenteis opibus

Dextera acuta gerens iacula recens

Diro sparsa cruore

Ad patris conscendit sedeis.

Prognatus Maia Mercurius

Insidiosum meritam illorum

In mortem adducit dolum:

Neq; longas nectet moras.

E L E C. *Iam operi uiri incumbunt amicæ ô fœminæ.*

C H O. *Qui sic?quid aggrediuntur?*

E L E C. *Illa quidem suo*

Ornat lebetem iam sepulcro,at imminent

Isti illius capiti.

C H O. *Sed hoc quidnam sibi*

Vult quòd tu adeò proruperis subitò foras?

E L E C. *Fidas ut excubias agam,ne fortè clàm*

Aegisthus intrò eat reuersus.

C L Y. *Hei,hei,hei,hei,*

Ah tecta funesta domus.

Orbata amicis plena sunt cæsoribus.

E L E C. *Clamatur intus,nunquid auditis sonos?*

C H O. *Omnino inaudita audio.horreo metu.*

C L. *Miseræ hei mihi Aegisthe, ubi,ubinã tu es gen-*

E L. *En rursus audio strepitum.*   *(tium?*

C L Y T. *O fili,ô matris*

Fili precor miserere quæ te protulit.

E L E C. *Sed illius nec tu miserta es,nec patris*

Qui

Qui genuit illum.

CHO. O urbem infaustam:progeniem ô

Miseram,ut fato corruis

Infelix iam momentaneo!

CLYT. Ah icta uulnus sentio.

ELE. Quin duplicem

Inflige plagam si potes.

CLY. Rursum hei mihi.

ELE. Aegisthus utinam hîc adforet dirus simul.

CHO. Nunc imprecationum

Aspicite quaeso effectus.

Tellure uiuunt obruti:

Crudelium en latronum

Efflagitant manes cruorem.

ELEC. En appropinquant.dextera tepido Dei

Stillat cruore Martis,uix possum eloqui.

Vt res Oresta nunc se habent?

OR. Quod attinet

Quidem ad domesticos,bene omnia. uera si

Sunt Delphici responsa fatidica Dei.

Iacet misera perempta:ne metue,amplius

Materna ne adferat tibi ullum dedecus.

Iniuria.

CHO. At silete quaeso, Aegisthum enim

Video eminus uenientem.

ELEC. Retro ferte gradum ocyus.

Non iam cernitis aduentare
Vt lætus è suo·
Graditur suburbano reuersus?
CHO. Latæ ad limina portæ
Vos quàm celerrimè abripite,
Vt pro uotis posteriora
Sicut priora uobis
Omnia cedant.
OR. Animo sis bono.
Peragentur arbitratu
Omnia pro tuo.
EL. Quin eò contendimus?
OR. Discedo.
EL. Iam mihi post hac cura erit unica
Paucos illius leueisq;
Auribus instillare sonos. nam
Non leue res ea momentum adferet
Vt uentis ueluti subuectus
Rite secundis ad Iustitiæ
Descendat certamen.
AEG. Quæ uestrum ubi sint hospites qui è Phocyde
Venêre nouit? nuntiasse eos ferunt
Equestri Oresten interemptum prælio.
Te interrogo: te peßima, inquam, interrogo.
Nam quæ tua hactenus fuit superbia,
Audaciaq; quando ille maximè tibi

Cura fuit semper etiam inter cæteros:
Non dubito quin certißima quæas dicere.

ELE. Scio.quî enim sim ignara casus,qui ex meis
Hominem mihi iam sustulit charißimum?

AEGIS. Non indicabis mihi ubinam sint hospites?

ELE. Sunt intus,atq; rem hospitali tessara
Fecere dignam.

AEG. Quid? certò igitur eum esse mortuum asserūt?

ELE. Re ipsa id palam fecêre,non uerbis modò.

AEG. Igitur'ne adest,uidere uti manifestè eum
Poßimus omneis?

ELE. Sanè adest:spectaculum
Cernes cruentum & triste.

AEGI. Præter ut tuum
Lætißima mihi nuntias morem!

ELEC. caue:
Ne forte noxio insolescas gaudio.

AEGI. Tace,tace inquam.Regia nunc omnibus
Palatij portæ aperiantur,quotquot &
Argos uetus,quot & Mycenas incolunt,
Vt inter illos forte si quis antea
Vanæ tumore fuerit elatus spei,
Huius cadauer nunc intuens mortui
Os præbeat frænis lubentiæ meis.
Neq; uindicem me nactus atq; principem
Altos superbo proflet corde spiritus.

ELE. *At hæc,quod ad me pertinet,peracta funt:*
Longáq; tandem ætate iam prudentior
Concedere didici potentioribus.

AEG. *O Iuppiter,quod conspicor spectaculum!*
Non casus hic uacat odio:ar'ne ista Nemesis
Patrauit?haud dum dicere illud audeo.
Velamen ocyus omne ab oculis tollite
Meis ut irrigetur etiam lacrymis.

ORES. *Ipse remoue:non est meum,at potius tuum,*
Videre & appellare uerbis comiter.

AEGI. *Recté mones,obtemperabo,sed tu abi,*
In ædibus alicubi Clytemnestram uoca.

ORES. *En in propinquo adest,alibi eam ne quærito.*

AEGIS. *Eheu quid est quod uideo?*

ORES. *Quem uerere?quis*
Est cuius haud nouisse uultum te innuis?

AEG. *Quorumnam in hominū media captus incidi*
In retia miser?

ORES. *Multa iam locutus es*
Viuus etiamnum,uerba,nec sentis tua
Commune nescio quid habere mortuis?

AEG. *Intelligo uocem.hei mihi nemo est homo*
Si non Orestes uerba nunc mecum facit.

ORES. *Nunc tandē es augur optimus,sed hactenus*
Falsus fuisti semper.

AEGIS. *Ah perÿ miser,*

Id sentio. Sed pauca fas sit, te precor,
Quæ suggerit animus mihi eloqui.

ELE. Nihil
Per te Deos frater rogo permiseris
Vlterius hunc loqui, suasq́; extendere, &
Protrahere fabulas. quid enim homini cedo
Presso malis iamq́; morituro temporis
Prodesse parui accessio aut lucrum queat?
Celerrimè illum occidito, occisumq́; mox
Mandes sepulcro eiusmodi quo dignus est.
Procul oculis remoue meis: nanq́; unicum hoc
Veteribus adferet remedium miserijs.

ORES. Ocyus abi intrò, nulla nunc de friuolis
Est instituta quæstio sermonibus.
De capite agetur mox tuo.

AEGIS. Quid in domum
Me pertrahis? si pulchrum honestumq́; facinus
Aggredere, latebris'ne aut tenebris tibi opus est?

ORES. Iubere desine: confer in eum te locum
Quo perfide patrem trucidasti meum,
Vt tu quoq́; in eodem necem meritam oppetas.

AEGIS. Sic comparatum fati uideo legibus,
Hæc tecta semper uti futura cernant Pelopidûm
Præsentiáq́; mala.

ORES. De tuis uates tibi
Certissimus ego sum.

AEGIS. *Non est patris tibi quod arteis uendices.*

OR. *Obloquere multa, & interim ducis moras.*
Moue gradum.

AEGIS. *I præ.*

OR. *Quin tibi præeundum erit.*

AEGIS. *Num moliturum me fugam uereris?*

ORESTES. *At*
Faxo quidem ne suauiter necem oppetas.
Ictum hunc tibi seruato. Verùm ultricibus
Omneis statim pœnis coërceri æquum erat
Et iura sacris constituta legibus
Qui transgredi aut conuellere audent impiè,
Vt morte digna plactantur protinus.
Non tanta scelerum ubiq; colluuies foret.

CHORVS. *O progenies Atrei.*
Vt per sæua pericula
Multasq; per ærumnas
Vix audaci hoc uix tandem impetu
In libertatem te
Asseruisti pristinam!

FINIS ELECTRAE